Nelson Müller

GEMÜSE	J	F	M	A	M	J	J	A	S	O	N	D
Pastinaken	●	●	●	○					●	●	●	●
Petersilienwurzeln	●	●								●	●	●
Radicchio	○	○					●	●	●	●	●	○
Radieschen					●	●	●	●	●	●		
Rettich						●	●	●	●	●		
Romanasalat						●	●	●	●	●	●	
Rosenkohl	●	●	●							●	●	●
Rote Bete	○	○	○	○			●	●	●	●	●	○
Rotkohl	○	○	○	○	○	●	●	●	●	●	●	○
Rucola				●	●	●	●	●	●			
Salatgurken						●	●	●	●	●		
Schalotten	○	○	○	○	○	●	●	●	●	●	○	○
Schwarzwurzeln	●	●	○	○						●	●	●
Spargel			●	●	●							
Spinat			●	●	●				●	●	●	
Spitzkohl					●	●						
Staudensellerie					●	●	●	●	●			
Steckrüben	○	○	○						●	●	●	●
Tomaten							●	●	●	●		
Weißkohl	○	○	○	○		●	●	●	●	●	●	○
Wirsing	●	●	○		●	●	●	●	●	●	●	●
Zucchini							●	●	●	●		
Zuckerschoten						●	●	●				
Zwiebeln	○	○	○	○	○	○	●	●	●	●	○	○

● Frischware aus heimischem Anbau ○ Lagerware aus heimischem Anbau

ÖFTER VEGETARISCH

Echter Geschmack für Teilzeitvegetarier

DK

INHALT

Liebe Leserinnen und Leser,

Dieses Buch ist wirklich eine meiner Herzensangelegenheiten. Ich habe mir zwischenzeitlich immer wieder überlegt: Möchte ich überhaupt noch ein Buch schreiben? Und wenn ja: Welches Thema? Je länger ich nachdachte, desto mehr kam ich auf meine Kindheit und Jugendzeit zurück.

Ich erinnerte mich daran, wie wir früher gegessen haben und was sich seitdem verändert hat. Welchen Spaß ich damals hatte, wenn es einen leckeren Sonntagsbraten gab. Meine Mutter hat das vorbereitet wie ein Fest – mit viel Zeit und Liebe. Dann wurde der Tisch schön gedeckt, die Familie hat sich versammelt und alle genossen mit Ruhe und Muße das leckere Essen. Für mich war sehr früh klar: Das ist was ganz Besonderes! Und so war es in vielen Familien, seit Generationen schon. Unter der Woche wurde vegetarisch gegessen, denn für die Alltagsküche konnte man sich Fleisch meist gar nicht leisten. Heute verschlingen die Menschen auf dem Weg zur Arbeit, mittags in der Pause oder auf dem Nachhauseweg ihr Salamibrötchen oder eine Bratwurst quasi im Vorbeigehen, ohne darüber nachzudenken, was sie da eigentlich essen.

Ja, und da bin ich auch schon bei meinem Beweggrund für dieses Buch: Ich denke, wir sollten alle wieder viel bewusster mit unserem Essen umgehen, mit unseren Lebensmitteln, unserer Umwelt – und letztendlich auch mit uns, unserer Gesundheit und unserem Wohlbefinden. Ich möchte mit diesem Buch nicht einfach auf irgendeinen Trend aufspringen. Wer mich und meine Küche kennt, weiß, dass ich selbst kein Vegetarier bin.

Aber ich versuche, auf meinen Fleischkonsum zu achten und eben öfter vegetarisch zu essen. Meine Devise lautet dabei 80 : 20 – also von zehn Tagen an mindestens acht vegetarisch und an maximal zwei Fleisch essen. Und wenn Fleisch, dann richtig gutes Fleisch, Bio-Fleisch oder welches, bei dem ich weiß, woher es kommt.

Nach diesem 80 : 20-Prinzip ist auch mein Buch aufgebaut. Hier finden Sie überwiegend vegetarische Gerichte. Dabei war es mir wichtig zu zeigen, dass vegetarisches Essen auf keinen Fall langweilig sein muss. Ich habe mich mal umgehört im Bekanntenkreis und tatsächlich fehlen hier und da – trotz einer riesigen Zahl vegetarischer Kochbücher auf dem Markt – die Ideen. Schnell habe ich bei mir zu Hause angefangen, Vegetarisches in allen möglichen Variationen auszuprobieren. Ich habe die Gerichte an unsere heutige Zeit angepasst und an unsere so zahlreichen Möglichkeiten, Lebensmittel einzukaufen. Manche Rezepte sind ganz automatisch sogar vegan geworden, also komplett frei von tierischen Lebensmitteln. Andere kann man, wenn man öfter mal ganz verzichten möchte, sehr einfach veganisieren. Das Wichtigste ist mir dabei aber immer der Geschmack! Das, was Sie in diesem Buch finden, sind meine Lieblingsgerichte.

Und weil ich aber ein bekennender Gerne-Fleisch-Esser bin, gibt es auch Rezepte für die »20 Prozent«. Mein großer Wunsch ist: Kochen Sie diese, wenn es einen besonderen Tag oder Anlass gibt. Das kann das Wochenende sein, das kann ein Geburtstag sein oder ein Feiertag. Nur am Ende der Woche sollte jeder von Ihnen sagen können: »Ich habe öfter vegetarisch gegessen!«

Ihr Nelson Müller

GUTES ESSEN BEGINNT BEIM EINKAUF

Im Grunde beginnt alles sogar noch vor dem Einkauf, nämlich mit der Frage: Was will ich eigentlich essen? Worauf habe ich Lust? Ich höre da ganz auf meinen Appetit und meinen Körper. Alles ist erlaubt, solange man es genießt. Für meinen persönlichen perfekten Genuss ist mir wichtig, dass die Qualität der Lebensmittel stimmt. Also überlege ich: Was will ich kochen – und wo bekomme ich die Zutaten dafür in wirklich guter Qualität?

WEIL WIR ES UNS VERDIENT HABEN

Wenn wir Lebensmittel einkaufen, sollten wir uns immer wieder fragen: Ist das alles gut für mich? Lebensmittel – dieses Wort sagt ja schon viel aus. Mittel zum Leben. Mittel für unsere Gesundheit und für die Seele, Essen, das uns in jeglicher Hinsicht guttut. Die meisten nehmen sich für den Einkauf leider viel zu wenig Zeit. Aber ich finde, wer richtig gut kochen und sich etwas Gutes tun möchte, der sollte auch überlegt einkaufen gehen und darauf achten, was er kauft, wo es herkommt und wie es verarbeitet wurde.

QUALITÄT STATT QUANTITÄT

Das A und O eines Essens, das guttut und gut schmeckt, ist nicht nur die Zubereitung der Lebensmittel, sondern in erster Linie deren Qualität. Da kann der Koch noch so gut sein – aus minderwertigen Produkten wird niemand ein hochwertiges Essen zaubern. Ich achte daher besonders auf gute Ausgangsprodukte. Klar hat Qualität ihren Preis – aber dafür esse ich beispielsweise eben etwas seltener Fleisch und Fisch, lege dann aber Wert auf Herkunft und Bio-Qualität. (Darüber, woran Sie gutes Fleisch erkennen, erfahren Sie mehr auf den Seiten 174/175.) Auch bei Milch und Milchprodukten empfehle ich den Griff zur Bio-Variante – der Preisunterschied zu konventionellen Produkten ist hier oft gar nicht so groß. Wägen Sie beim Einkaufen aber auch ab, wofür Sie ein Lebensmittel verwenden möchten. Es müssen wirklich nicht immer die teuersten Produkte sein. Bei Öl zum Beispiel verwende ich für die Zubereitung von Salaten gerne ein sehr hochwertiges, kalt gepresstes Oliven- oder Kürbiskernöl, das reich an mehrfach ungesättigten Fettsäuren ist. Zum Braten reicht aber auch ein neutrales Pflanzenöl, das sich hoch erhitzen lässt, vollkommen aus.

DAS GUTE LIEGT SO NAH

Egal, ob es um Fleisch und Fisch, Obst und Gemüse (mehr hierzu auf den Seiten 70/71), Eier, Milchprodukte, Backwaren, Getreide, Öle usw. geht – insgesamt versuche ich immer stärker darauf zu achten, wo die Produkte herkommen, und vor allem Lebensmittel aus der Umgebung zu kaufen. »Lokal« ist hier mein Stichwort, denn »regional« kann ein sehr dehnbarer Begriff sein. Gerade bei frischen Produkten ist es gar nicht so zeitaufwendig oder kompliziert, lokal einzukaufen. Häufig besteht die Schwierigkeit nur darin, dass Verbraucher nicht wissen, wo sie ansetzen sollen, um in direkter Nähe gute Produkte zu kaufen. Ich kann Ihnen nur raten: Informieren Sie sich. Recherchieren Sie im Internet oder fragen Sie ganz einfach mal bei kochbegeisterten Freunden nach. Denn es gibt wirklich vielfältige Möglichkeiten, lokal einzukaufen – man muss sie nur finden. Und wenn man einmal einen guten Erzeuger in der Gegend gefunden hat, möchte man ihn nicht mehr missen.

WAS BEKOMME ICH WO?

Bei der Auswahl meiner Rezepte für dieses Buch habe ich versucht, auf die Verwendung von Zutaten zu achten, die auch in einem gut sortierten Supermarkt erhältlich sind. Die Produktvielfalt im Supermarkt ist ja heutzutage riesig. Viele Märkte bieten mittlerweile an, was man früher nur im Reformhaus oder im Asialaden erhielt. Hier gibt es aber große Unterschiede, was das Sortiment betrifft – auch bei der Qualität. Halten Sie daher die Augen auf und statten Sie »notfalls« auch mal einem Bio-Markt, italienischen Feinkostladen oder asiatischen Supermarkt einen Besuch ab.

Wenn es um ausgefallenere Lebensmittel geht, scheuen sich viele noch davor, diese im Internet zu bestellen. Dabei findet man hier in einer schier unendlichen Auswahl viele Produkte in sehr guter Qualität und bekommt sie auch noch bequem vor die Tür geliefert. Eigentlich eine ganz komfortable Lösung. Generell sollten Sie vor dem Kauf »ungewöhnlicher« Produkte nicht zurückzuschrecken, zumal man häufig auch länger etwas davon hat: Kreuzkümmel, Kurkuma und Co., italienisches Pasta- oder Pizzamehl, asiatische Würzsaucen, Panko-Brösel, Wasabi-Paste oder Reispapierblätter zum Beispiel halten sich eine ganze Weile.

AUSSCHLAFEN & BRUNCHEN

Schlemmereien für ein ausgiebiges Wochenend-Frühstück

MORGENDLICHE VITAMIN-BOMBE

Dieser Obstsalat ist für ein ausgedehntes Wochenendfrühstück genau das Richtige, da er gesund und wirklich schnell zubereitet ist. Zur Vitamin-Bombe passt ein griechischer Joghurt oder auch Quark sehr gut – für Veganer natürlich in veganer Variante aus Soja oder Kokos –, die ich noch mit etwas Vanillemark und Ahornsirup verfeinere. Wer mag, lässt vor dem Servieren noch 1–2 TL Chia-Samen 5 Minuten im Obstsalat quellen – das bringt echte Power.

30 Minuten

VEGAN

FÜR 4–6 PERSONEN

1 Mango
1 Papaya
3 gelbe Kiwis
2 Birnen (Sorte Williams Christ)
2 Äpfel (Sorte Golden Delicious)
2 gelbe Nektarinen
2 Pfirsiche
½ Honigmelone
200 g Zucker
200 ml Mangosaft
1 haselnussgroßes Stück Ingwer
Saft von 1 Limette
1 EL Speisestärke (nach Belieben)
Minzeblätter zum Garnieren

Außerdem:
Kugelausstecher (nach Belieben; siehe Tipp)

1.

Mango, Papaya, Kiwis und Birnen schälen. Äpfel und Birnen vierteln und entkernen. Nektarinen und Pfirsiche halbieren und entsteinen. Alles in mundgerechte Stücke schneiden und in einer Schüssel mischen. Die Melonenhälfte entkernen und aus dem Fruchtfleisch nach Belieben mit einem Kugelausstecher Perlen ausstechen oder das Fruchtfleisch in mundgerechte Stücke schneiden. Unter das restliche Obst mischen.

2.

Den Zucker in einem Topf karamellisieren. Mit dem Mangosaft ablöschen, Ingwer und Limettensaft dazugeben. Alles aufkochen und nach Belieben mit etwas angerührter Stärke binden. Den Topf vom Herd ziehen und den Fond leicht abkühlen lassen.

3.

Den Ingwer aus dem Fruchtfond entfernen und das vorbereitete Obst mit dem Fond mischen. Den Obstsalat in tiefe Teller oder Gläser verteilen und mit Minze garniert servieren.

PRAKTISCH

Kugelausstecher, auch als Pariser Ausstecher *bezeichnet, sind löffelartige Spezialmesser aus Metall oder Edelstahl, die im Fachhandel in verschiedenen Größen angeboten werden. Die als Halbkugel ausgebildeten, scharfkantigen Ränder schneiden meist problemlos durch das Fruchtfleisch von Obst oder Gemüse und zaubern so hübsche Perlen auf die Teller.*

SUPER

PANCAKES MIT SCHWARZWÄLDER QUARK – USA MEETS GERMANY

Es ist schon erstaunlich, wie unterschiedlich Pfannkuchen, Crêpes und Pancakes sind, obwohl sie alle drei aus denselben simplen Grundzutaten bestehen. Goldgelbe Pfannkuchen wecken bei mir Kindheitserinnerungen, hauchdünne Crêpes gehören irgendwie zum Sommer und fluffige Pancakes lassen mich neben dem Land der unbegrenzten Möglichkeiten automatisch an ein ausgedehntes Frühstück denken. Im Sommer ersetze ich die Trockenfrüchte natürlich durch frisches Obst wie Kirschen, Blau- oder Himbeeren.

30 Minuten

FÜR 4 PERSONEN

Für den Quark:
40 g Zartbitterkuvertüre
40 g getrocknete Kirschen (ersatzweise Cranberrys)
250 g Sahnequark
2 EL Puderzucker
Mark von 1 Vanilleschote
150 g Sahne
1 Päckchen Sahnesteif

Für die Pancakes:
4 Eier
400 g Mehl
2 TL Backpulver
500 ml Milch
4 EL Pflanzenöl
2 EL Zucker
2 Prisen Salz
2–3 TL Pflanzenöl zum Braten
Rübenkraut zum Servieren (nach Belieben)

1.
Für den Quark die Zartbitterkuvertüre fein raspeln. Die getrockneten Kirschen fein hacken. Quark, Puderzucker und Vanillemark verrühren.

2.
Die Sahne mit dem Sahnesteif mit den Quirlen des Handrührgeräts steif schlagen. Sahne, Kuvertüre und Kirschen unter den Quark heben.

3.
Für die Pancakes die Eier trennen. Mehl und Backpulver sieben. Milch, Eigelbe, Öl und Zucker mit den Quirlen des Handrührgeräts verrühren. Die Mehlmischung dazugeben und alles zu einem glatten Teig mixen. Die Eiweiße mit dem Salz steif schlagen und den Eischnee unter den Teig heben.

4.
Eine Pfanne sehr dünn mit Öl ausstreichen und erhitzen. Den Teig portionsweise mit einem Schöpflöffel hineingeben und jeweils bei mittlerer Hitze goldgelb zu Pancakes ausbacken. Sobald sich nach etwa 2 Minuten die Oberseite hell färbt, die Pancakes einmal wenden und von der anderen Seite weitere 1–2 Minuten goldgelb backen.

5.
Den Schwarzwälder Quark mit den Pancakes auf Tellern anrichten. Nach Belieben noch mit Rübenkraut beträufeln und sofort servieren.

GIESSEN STATT LÖFFELN
Falls Sie einen entsprechend großen Messbecher oder eine Rührschüssel mit Ausguss besitzen, können Sie den Teig auch in leicht kreisenden Bewegungen vorsichtig in die Pfanne gießen – so werden die Pancakes besonders gleichmäßig und schön rund.

MÖHRENKUCHEN MIT ORANGEN-MASCARPONE-CREME

Möhren einmal anders – süß und zum Frühstück, aber nicht als Smoothie, sondern als Kuchen. Viel natürliche Süße bringen Möhren und Orangensaft mit, die einfach ein starkes Team sind. Da der Möhrenkuchen schön saftig ist, benötigt er die Mascarpone-Creme nicht zwingend. Deren Cremigkeit harmoniert allerdings so gut, dass ich sie Ihnen nicht vorenthalten möchte.

1 Stunde + 3–24 Stunden Kühlzeit

FÜR 1 KUCHEN

Für den Kuchen:
130 g zarte Haferflocken
400 g Möhren
2 EL Zitronensaft
4 Eiweiß
6 Eigelb
abgeriebene Schale von 1 Bio-Zitrone
3 Tropfen Bittermandelöl
2 EL flüssiger Süßstoff
1 TL gemahlener Zimt
100 g Mehl, plus etwas mehr für die Form
2 TL Backpulver
Fett für die Form

Für die Creme:
5 cl Orangenlikör (z. B. Grand Marnier)
100 ml Orangensaft
1 TL Johannisbrotkernmehl
2 Eigelb
100 g Zucker
Mark von ½ Vanilleschote
170 g Mascarpone
300 g Sahne
1 Päckchen Sahnesteif

Außerdem:
Springform (26 cm Ø)

1.
Für den Kuchen den Backofen auf 180 °C Umluft vorheizen. Die Haferflocken in einer Pfanne ohne Fett anrösten. Vom Herd nehmen, abkühlen lassen und in der Küchenmaschine oder im Blitzhacker fein mahlen. Die Möhren schälen, fein reiben und mit dem Zitronensaft beträufeln.

2.
Die Eiweiße steif schlagen. Eigelbe mit Zitronenschale, Bittermandelöl, Süßstoff, Zimt und 30 ml Wasser sehr cremig rühren. Dann die geraspelten Möhren unter die Eigelbcreme heben.

3.
Die gemahlenen Haferflocken unterrühren. Mehl und Backpulver sieben und löffelweise unter den Teig ziehen. Zuletzt den Eischnee unterheben.

4.
Den Teig in der gefetteten und leicht bemehlten Springform verteilen, glatt streichen und im Ofen etwa 45 Minuten backen. Rechtzeitig vor Ende der Backzeit die Garprobe machen (siehe Tipp Seite 152), dann den Möhrenkuchen aus dem Ofen nehmen und in der Form auf einem Kuchengitter mindestens 1 Stunde abkühlen lassen.

5.
Inzwischen für die Creme den Orangenlikör und -saft mit dem Johannisbrotkernmehl in einem kleinen Topf erwärmen. Abkühlen lassen. Eigelbe, Zucker und Vanillemark über einem heißen Wasserbad cremig aufschlagen. Mascarpone und angedickte Orangenmischung verrühren und unter die Eigelbmasse mischen.

6.
Die Sahne mit dem Sahnesteif steif schlagen und unter die Mascarponecreme heben. Die Orangen-Mascarpone-Creme kühl stellen.

7.
Den abgekühlten Kuchen aus der Form lösen und die Oberfläche mit der Creme bestreichen. Den Kuchen bis zum Servieren mindestens 2 Stunden – besser über Nacht – kühl stellen.

CREME EXTRA REICHEN
Anstatt den Kuchen mit der Creme zu bestreichen, können Sie ihn auch einfach mit etwas Puderzucker bestäuben und die Creme separat dazu servieren. Dann kann jeder selbst entscheiden, ob und wie viel Creme er dazu haben möchte.

APFEL-RADIESCHEN-SMOOTHIE

Dieser Smoothie ist zum Frühstück oder Brunch ein echter Frischekick. Die Radieschenblätter enthalten nämlich scharfe Senföle und verleihen dem grünen Drink damit die richtige Würze zum Aufwachen! Der Smoothie macht übrigens auch als Start in ein Dinner mit Freunden eine gute Figur.

10 Minuten

VEGAN

FÜR 4 GLÄSER À 200 ML

3 saftige, süßsaure Äpfel (Sorte Goldparmäne)
50 g Radieschenblätter
250 ml Apfelsaft
150 ml Mineralwasser
2 EL Limettensaft
4–5 Eiswürfel
Puderzucker zum Süßen (je nach Geschmack)

1.
Die Äpfel vierteln, entkernen und mit Schale in kleine Stücke schneiden. Die Radieschenblätter ohne Stiele ebenfalls klein schneiden.

2.
Apfelstücke und Radieschenblätter in einen Standmixer geben. Apfelsaft und Mineralwasser dazugießen und alles möglichst fein pürieren. Alternativ in einem hohen Rührbecher mit dem Stabmixer pürieren. Dann Limettensaft und Eiswürfel dazugeben und alles nochmals durchmixen.

3.
Den Smoothie je nach Süße der Äpfel und Geschmack mit Puderzucker nachsüßen, auf Gläser verteilen und sofort servieren.

UND DIE RADIESCHEN?

Auf kleine Gläser verteilt und als Shooter serviert passt der Smoothie perfekt zu einem Radieschensalat: Dafür 30 ml Traubenkernöl mit je 10 ml weißem Balsamico-Essig und Gemüsebrühe verquirlen und mit Zucker, Salz und Pfeffer würzen. 200 g Radieschen ohne Stielansatz in Scheiben schneiden und in der Vinaigrette marinieren. 3 dünne Scheiben Sauerteigbrot klein würfeln. 50 ml Olivenöl in einer Pfanne erhitzen und die Brotwürfel darin bei mittlerer Hitze mit Rosmarin, Thymian und angedrücktem Knoblauch goldbraun frittieren. Auf Küchenpapier abtropfen lassen und salzen. Den Salat auf kleine Teller verteilen und mit den Croûtons bestreuen, mit etwas Crème fraîche beträufeln und mit Kresse garniert servieren.

GUTER KAFFEE – EINE FRAGE DES GESCHMACKS

Bei mir fängt der Tag mit einer guten Tasse Kaffee an und auch bei einem ausgiebigen Wochenendbrunch gehört er natürlich dazu. Der Geruch von frisch gebrühtem Kaffee hat für mich immer etwas Beruhigendes und Gemütliches. Auch in meinem Restaurant und Bistro wird das beliebte Heißgetränk in all seinen Variationen oft bestellt – von Espresso bis Latte Macchiato. Worauf es dabei ankommt, ist selbstverständlich Geschmackssache.

HAUPTSACHE, ES DUFTET!

In den letzten Jahren ist aus dem Kaffeekochen ja eine richtige Philosophie geworden. Ob mit Kapsel-, Filter- oder Vollautomaten, Siebträgern oder Espressokannen auf dem Herd, die Möglichkeiten sind vielfältig. In meiner eigenen Küche habe ich einen Vollautomaten, weil es bei mir morgens oder zwischendurch meist schnell und unkompliziert gehen muss. Aber eins ist mir schon wichtig, nämlich dass die Bohnen frisch gemahlen sind. Allein schon wegen des großartigen Dufts, den sie verströmen. Ich kaufe daher meistens ganze Bohnen und frage nach einem möglichst frischen Röstdatum. Wer geschmacklich mal einen kleinen Kick für den Kaffee haben möchte, gibt eine Prise Kakao oder – ganz orientalisch – Gewürze wie Kardamom, Nelken oder Zimt dazu.

GUTE BOHNEN, SCHLECHTE BOHNEN

Wie überall gibt es auch beim Kaffee Qualitätsunterschiede. Bei uns werden überwiegend zwei Sorten angeboten: *Robusta* und *Arabica*. Ich bevorzuge letztere, aber es gibt auch gute Robusta-Bohnen. Letztendlich glaube ich, dass man guten Kaffee vor allem daran erkennt, woran man gute Lebensmittel meistens erkennt: an transparenten Informationen über Herkunft, Verarbeitung usw. Wenn ich auf einer Packung Kaffee lesen kann, um welche Sorte es sich handelt, aus welcher Region sie stammt und welche Aufbereitungsmethoden angewendet wurden, ist das schon mal ein gutes Zeichen. Der Massenmarkt macht daraus oft ein Geheimnis. Und ja, auch wenn der Kaffee auffällig günstig ist, ist das eher ein Indiz für minderwertige Ware. Am Ende ist mir vor allem ein Punkt besonders wichtig, nämlich dass der Kaffee fair gehandelt wurde. Dafür gebe ich auch gerne etwas mehr Geld aus.

DAS WASSER – DIE BASIS

Ist das Wasser nicht gut, kann es auch mit dem Kaffee nichts werden. Die Trinkwasserqualität bei uns in Deutschland ist grundsätzlich gut, aber ich habe auch schon schlechten Kaffee getrunken, weil das verwendete Wasser einen starken Beigeschmack hatte (in vielen Ländern wird das Leitungswasser gechlort). Da koche ich meinen Kaffee dann lieber mit stillem Mineralwasser. Bei uns kann es von Region zu Region Unterschiede im Härtegrad geben. Ich habe Glück, in meiner Gegend ist das Wasser weich und geschmacksneutral. Andere Haushalte haben sehr hartes Wasser mit leichtem Beigeschmack – möglicherweise lohnt sich hier für den perfekten Kaffee ebenfalls der Griff zum Mineralwasser.

DIE MILCH – DAS TÜPFELCHEN AUF DEM i

Nach dem Essen trinke ich gerne einen Espresso, am Nachmittag oder zum Brunchen darf es aber auch mal ein Latte macchiato sein. Und dafür ist eine gut aufgeschäumte Milch wichtig. Aufschäumen geht grundsätzlich mit jeder Milch, also auch mit fettarmer oder H-Milch. Geschmacklich finde ich allerdings, dass nichts über Vollmilch geht. Die Milch sollte beim Schäumen nur nicht zu heiß werden, sonst bekommt sie schnell einen eiweißartigen Beigeschmack. Bei 60 bis 65 °C ist sie ideal und schmeckt schön süß. Ich stoße die Milchkanne nach dem Schäumen einige Male auf der Arbeitsfläche auf – so platzen die großen Blasen und der Schaum wird dichter. Vor dem Eingießen in das Glas die Milchkanne etwas schwenken, dann langsam und vorsichtig den Espresso einfließen lassen – fertig!

IST KAFFEE EIGENTLICH GESUND?

In jedem Fall ist Kaffee gesünder, als viele meinen. Das hängt natürlich auch davon ab, mit wie viel Zucker man seinen Kaffee genießt, aber wenn hier nicht übertrieben wird, hat bei grundgesunden Menschen ein höherer Kaffeekonsum keinerlei schädliche Wirkungen. Wie immer kommt es hier vor allem eins an: bewusster Genuss!

GEMÜSESTICKS MIT AVOCADODIP

Dieser Dip schmeckt nicht nur mit Gemüsesticks super. Er eignet sich auch als Brotaufstrich und ist beim Grillen gern gesehener Gast auf dem Buffet. Wobei mir schon mehrfach zu Ohren gekommen ist, dass man ihn – egal ob morgens, mittags oder abends – am allerliebsten einfach direkt aus der Schüssel löffeln möchte.

20 Minuten

FÜR 4 PERSONEN

Für den Dip:
3 Tomaten
2 reife Avocados
2 rote Chilischoten
1 Knoblauchzehe
5 Stängel Koriandergrün
1 kleine Handvoll geröstete, gesalzene Erdnusskerne
2 EL saure Sahne
2 EL Limettensaft
Salz
frisch gemahlener Pfeffer

Für die Sticks:
1 rote Paprikaschote
1 orangefarbene Paprikaschote
1 gelbe Paprikaschote
1 Möhre
½ Bio-Salatgurke
1 Stange Staudensellerie

1.
Für den Dip die Tomaten auf der Unterseite kreuzweise einritzen und mit kochendem Wasser überbrühen. Nach 1 Minute herausheben und kalt abschrecken. Die Haut abziehen, die Tomaten halbieren, entkernen und ohne Stielansatz fein würfeln.

2.
Die Avocados halbieren, entkernen und das Fruchtfleisch auskratzen. Die Chilischoten längs halbieren, entkernen und fein würfeln. Den Knoblauch schälen und fein reiben. Die Korianderblätter abzupfen und fein schneiden. Die Erdnüsse grob hacken.

3.
Das Avocadofruchtfleisch mit Koriander, saurer Sahne und Limettensaft mit dem Stabmixer mindestens 1 Minute pürieren, bis die Masse hell und cremig wird. Den Dip mit Salz und Pfeffer abschmecken, bei Bedarf etwas mehr Limettensaft dazugeben. Tomaten, Chili und Knoblauch untermischen.

4.
Für die Sticks die Paprika halbieren und entkernen. Die Möhre schälen. Paprika, Möhre, Gurke und Sellerie in 4–5 cm lange Stifte schneiden.

5.
Die Gemüsesticks auf einer großen Platte anrichten, den Dip in einer Schüssel mit gehackten Erdnüssen bestreuen und dazu servieren.

VIELFÄLTIGER DIP
Durch das längere Pürieren der Avocado schmeckt der Dip ganz leicht nach Banane. Dieser Geschmack harmoniert wunderbar mit den Erdnüssen und gibt dem Dip in Verbindung mit Chili und Koriandergrün einen exotischen Touch. Wer eine vegane Variante bevorzugt, lässt einfach die saure Sahne weg.

PAPRIKASANDWICHES MIT RUCOLA, AUBERGINENTATAR UND FRISCHKÄSE

Mein Vorschlag: Bereiten Sie eine größere Menge Auberginentatar und die Paprika schon zu Beginn des Wochenendes vor und verwenden Sie einen Teil davon als Antipasti oder Dip für den Grillabend. Gut versteckt übersteht der Rest hoffentlich die Zeit bis zum Sonntagsbrunch und Sie können bei Familie und Übernachtungsgästen mit diesen köstlichen Sandwiches ohne großen Aufwand punkten.

45 Minuten

FÜR 4 PERSONEN

Für das Tatar:
1 Knoblauchzehe
1 Aubergine
Salz
frisch gemahlener Pfeffer
2 Zweige Thymian
3 EL Olivenöl
1 Spritzer Zitronensaft

Für die Sandwiches:
4 rote Paprikaschoten
2 Zweige Thymian
2 EL Olivenöl
1 Prise Zucker
Salz
frisch gemahlener Pfeffer
100 g Frischkäse
2 EL Sahne
1 TL fein gehackter Thymian
1 Msp. Paprikapulver rosenscharf
Fleur de Sel
1 Bund Rucola
8 Scheiben Sandwichtoast

1.
Den Backofen auf 180 °C Umluft vorheizen. Für das Tatar den Knoblauch halbieren. Die Aubergine längs halbieren und die Schnittflächen jeweils mit Knoblauch einreiben. Das Fruchtfleisch kreuzweise einritzen und mit Salz und Pfeffer würzen. Ein Backblech mit Backpapier auslegen, die Thymianzweige auf einer Seite des Blechs verteilen und die Auberginenhälften mit der Schnittfläche nach unten darauflegen.

2.
Für die Sandwiches die Paprika halbieren und entkernen. Die Hälften in einer Schüssel mit Thymian, Öl und angedrückten Knoblauchhälften (Reste vom Tatar) mischen. Mit Zucker, Salz und Pfeffer würzen. Die Paprika auf der anderen Hälfte des Blechs verteilen und mit den Auberginenhälften im Ofen 20–30 Minuten backen.

3.
Inzwischen Frischkäse, Sahne und gehackten Thymian glatt rühren. Mit Paprikapulver, Fleur de Sel und Pfeffer abschmecken. Den Rucola verlesen und lange Stiele entfernen.

4.
Sobald die Paprikaschalen Blasen werfen und das Fleisch der Auberginen weich ist, das Blech aus dem Ofen nehmen. Die Paprika in einem Frischhaltebeutel leicht abkühlen lassen. Inzwischen das Fruchtfleisch aus den Auberginen kratzen, mit Öl und Zitronensaft mischen und alles mit Salz und Pfeffer abschmecken.

5.
Die Sandwichbrotscheiben toasten. Die Schale der Paprika abziehen und die Hälften in Streifen schneiden. 4 Brotscheiben mit Frischkäsecreme, die übrigen mit Auberginentatar bestreichen und jeweils mit Rucola und Paprikastreifen belegen. Mit Fleur de Sel würzen und die Frischkäsebrote darauflegen. Die Brotscheiben leicht andrücken und diagonal in Dreiecke geschnitten servieren.

V

VEGAN-TIPP
Wer dieses Sandwich vegan genießen möchte, ersetzt einfach Frischkäse und Sahne durch vegane Varianten.

BLITZVARIANTE PAPRIKA RÖSTEN

Das Rösten der Paprika im Backofen geht noch schneller, wenn Sie anstelle der links angegebenen Variante die Grillfunktion des Backofens einschalten. Bei höchster Temperatur fangen die Hälften bereits nach 5–10 Minuten an, Blasen zu werfen und sich dunkel zu färben. Dann sollten Sie die Auberginen allerdings separat garen.

GEBACKENES EIGELB MIT RAHMSPINAT UND PINIENKERNEN

Brunch de luxe! Klar ist das etwas aufwendiger, als einfach nur Spiegeleier in die Pfanne zu hauen. Aber man lebt schließlich nur einmal. Und glauben Sie mir, es gibt nichts Besseres, als sich am Wochenende zum Brunch mit einem panierten Eigelb zu verwöhnen.

35 Minuten + 30 Minuten Ruhezeit

FÜR 4 PERSONEN

Für das Eigelb:
200 g Panko-Mehl (asiat. Paniermehl; siehe Tipp Seite 165)
8 Bio-Eier
500 ml Sonnenblumenöl

Für den Spinat:
800 g junger Spinat
1 Schalotte
½ Knoblauchzehe
1 EL Olivenöl
2 EL Butter
frisch geriebene Muskatnuss
Salz
100 g Sahne
50 g Pinienkerne
50 g Parmesan

1.

Für das Eigelb Panko im Blitzhacker fein mixen und auf einen Teller geben. Eier trennen, die Eigelbe vorsichtig nebeneinander auf das Panko-Mehl legen und rundherum damit bestreuen, 30 Minuten ruhen lassen. (Eiweiße anderweitig verwenden.)

2.

Inzwischen den Spinat verlesen und waschen. Schalotte und Knoblauch schälen und fein würfeln. Olivenöl und Butter in einem Topf erhitzen, Schalotten- und Knoblauchwürfel darin bei mittlerer Hitze glasig schwitzen.

3.

Den Spinat abtropfen lassen und zu den Zwiebeln in den Topf geben. Mit Muskat und Salz würzen. Die Sahne angießen und leicht einkochen lassen. Die Pinienkerne in einer Pfanne ohne Fett goldbraun rösten. Den Parmesan in grobe Späne hobeln.

4.

Das Sonnenblumenöl in einem Topf auf 170 °C erhitzen, die Eigelbe portionsweise vorsichtig hineingleiten lassen und etwa 20 Sekunden goldgelb backen, sie sollten innen noch weich sein. Vorsichtig herausheben, auf Küchenpapier abtropfen lassen und mit Salz würzen.

5.

Den Rahmspinat auf tiefe Teller verteilen und je 2 gebackene Eigelbe daraufsetzen. Mit Pinienkernen und Parmesan bestreut servieren.

ROTE-BETE-REIBEKUCHEN MIT APFEL-SPROSSEN-SALAT

Frische Rote-Bete-Knollen sind wahre Vitamin- und Mineralstoffbomben – wir sollten sie viel häufiger zubereiten. Das ist im Grunde auch kein Problem, weil Rote Bete das ganze Jahr hindurch erhältlich ist. Ihre Hauptsaison dauert von Mai bis Ende Juli, dann gibt es sie im Bund mitsamt dem tollen Grün (siehe Tipp) zu kaufen. Und wenn es schnell gehen muss, ist vorgegarte und vakuumierte Rote Bete eine brauchbare Alternative. In diesem Rezept habe ich beide Varianten vereint.

45 Minuten

FÜR 4 PERSONEN

Für die Reibekuchen:

600 g vorwiegend festkochende Kartoffeln
400 g frische Rote Bete
1 Zwiebel
2–3 EL Vollkornmehl
1 Ei
Salz
frisch gemahlener Pfeffer
1 Prise gemahlener Kümmel
Pflanzenöl zum Braten

Für den Salat:

100 g vorgegarte Rote Bete (vakuumiert)
1 Apfel (Sorte Cox Orange)
1 EL Apfel-Balsamico-Essig
3 EL Rapsöl
1 Prise Zucker
Salz
frisch gemahlener Pfeffer
200 g gemischte Sprossen (z. B. Sojabohnen-, Rote-Bete-, Linsen- und Rettichsprossen)
1 Handvoll Walnusskerne, gehackt
50 g Crème fraîche

1.

Für die Reibekuchen die Kartoffeln schälen und grob reiben. Die Masse in einem sauberen Küchentuch kräftig ausdrücken und zurück in die Schüssel geben. Die Rote-Bete-Knollen schälen (dabei am besten Einweghandschuhe tragen, weil sie stark färben), die Zwiebel ebenfalls schälen und beides zu den Kartoffeln reiben. Mehl und Ei unterheben und die Masse mit Salz, Pfeffer und Kümmel würzen.

2.

In einer großen Pfanne reichlich Öl erhitzen. Die Reibekuchenmasse esslöffelweise hineingeben, jeweils zu Küchlein (ca. 6 cm Ø) flach drücken und bei starker Hitze 6–8 Minuten knusprig ausbacken, dabei nach der Hälfte der Zeit einmal wenden. Herausheben und auf Küchenpapier abtropfen lassen.

3.

Während die Reibekuchen braten, für den Salat die Rote Bete mit Küchenpapier abtupfen und in feine Würfel oder dünne Scheiben schneiden. Den Apfel vierteln, entkernen und ebenfalls in Würfel oder Scheiben schneiden. Essig, Öl und Zucker verquirlen und die Vinaigrette mit Salz und Pfeffer abschmecken. Rote Bete, Äpfel und Sprossen mit der Vinaigrette marinieren. Die Walnüsse in einer kleinen Pfanne ohne Fett anrösten. Abkühlen lassen.

4.

Den Apfel-Sprossen-Salat auf Teller verteilen und die Reibekuchen daneben anrichten. Jeweils mit 1 EL Crème fraîche garnieren und mit den Walnüssen bestreut servieren.

ROTE-BETE-BLÄTTER VERWERTEN

Das Grün von frischen Rote-Bete-Knollen lässt sich prima als Gemüse wie Spinat oder Mangold verarbeiten und zum Beispiel dünsten. Dazu das Blattgrün von den Stielen trennen und in Streifen schneiden. Die Stiele würfeln und mit 1 gewürfelten Schalotte und 1 durchgepressten Knoblauchzehe in etwas Olivenöl anschwitzen. Dann das Blattgrün tropfnass dazugeben und kurz zusammenfallen lassen.

FRISCHKÄSEBÄLLCHEN MIT ZWIEBEL-FEIGEN-CHUTNEY

Außen dunkel, innen hell – diese Bällchen halten für jeden eine Überraschung parat. Ich liebe sie nicht nur beim Brunch, wo ich sie auch gern ohne Chutney anbiete. Sie machen sich genauso als Vorspeise bei einem Dinner mit Freunden gut. Außergewöhnlich, ausgefallen – und dabei doch so simpel!

40 Minuten

FÜR 4–6 PERSONEN

Für das Chutney:
100 g rote Zwiebeln
200 g Zucker
200 ml roter Portwein
20 ml Balsamico-Essig
500 g Feigen
1 Prise Cayennepfeffer
Salz
frisch gemahlener Pfeffer

Für die Bällchen:
100 g trockenes Schwarzbrot
400 g Ziegenfrischkäse

1.

Für das Chutney die Zwiebeln schälen und sehr fein würfeln. In einem Topf den Zucker bei mittlerer Hitze karamellisieren. Die Zwiebeln dazugeben und mit Portwein und Essig ablöschen. Alles so lange rühren, bis sich der Karamell wieder gelöst hat. Das Ganze bei mittlerer Hitze etwa 15 Minuten kochen, bis die Zwiebeln weich sind.

2.

Inzwischen für die Bällchen das Schwarzbrot zerbröseln und im Blitzhacker sehr fein mahlen. Vom Frischkäse mit zwei Teelöffeln kleine Nocken abstechen und mit den Händen zu Kugeln formen. Frischkäsekugeln in den Schwarzbrotbröseln wälzen, bis sie rundherum davon überzogen sind.

3.

Die Feigen nach Belieben schälen, dann vierteln und zu den Zwiebeln geben. Das Chutney noch 15 Minuten köcheln lassen, dann mit Cayennepfeffer, Salz und Pfeffer leicht scharf abschmecken. Vom Herd nehmen und abkühlen lassen.

4.

Chutney und Frischkäsebällchen auf einer Platte oder in kleinen Gläsern anrichten und servieren.

CHUTNEY VERFEINERT

Exotischer wird das Chutney, wenn Sie 1 haselnussgroßes Stück Ingwer mitgaren und vor dem Servieren wieder entfernen. Für einen winterlichen Touch 3 Pimentkörner, 2 Nelken, 1 Lorbeerblatt und 1 Sternanis hinzufügen. In einem Einmalteebeutel verpackt, lassen sich die Gewürze nach dem Kochen wieder problemlos und ohne viel Suchen entfernen.

V

VEGAN-TIPP

Für eine vegane Variante einfach den Frischkäse nach Belieben durch Soja-, Lupinen- oder anderen veganen Frischkäse ersetzen.

ROSMARINMUFFINS MIT TOMATENBUTTER

Rosmarin und Tomate – für alle Freunde des herzhaften Frühstücks könnte dies eine neue Lieblingskombination werden. Die Muffins sind durchaus variabel: Der Rosmarin lässt sich durch andere Kräuter ersetzen, die getrockneten Tomaten durch Oliven. Die Tomatenbutter können Sie sehr gut schon am Vortag zubereiten. Damit sich die Aromen optimal entfalten können, hole ich die Butter allerdings mindestens 30 Minuten vor dem Brunch aus dem Kühlschrank. Die Tomatenbutter lässt sich übrigens auch wunderbar portionsweise einfrieren.

40 Minuten

FÜR 12 STÜCK

Für die Muffins:
80 g getrocknete Tomaten (in Öl)
3 Zweige Rosmarin
150 g Pecorino
250 g Mehl
1 gehäufter TL Backpulver
1 TL Salz
1 kleine Prise Zucker
250 ml Buttermilch
125 ml Olivenöl
1 Ei
Fett für das Muffinblech

Für die Butter:
125 g weiche Butter
50 g getrocknete Tomaten (in Öl)
50 g Tomatenmark
abgeriebene Schale von ½ Bio-Zitrone
1 kleine Prise Zucker
2 TL Fleur de Sel
frisch gemahlener Pfeffer

Außerdem:
12er-Muffinblech

1.
Für die Muffins den Backofen auf 170 °C Umluft vorheizen. Die Tomaten auf Küchenpapier abtropfen lassen und grob würfeln. Die Rosmarinnadeln abzupfen und fein hacken. Den Pecorino grob reiben.

2.
Das Mehl mit dem Backpulver sieben, mit Salz und Zucker mischen. Buttermilch, Olivenöl und Ei mit den Quirlen des Handrührgeräts oder in der Küchenmaschine verquirlen und die Mehlmischung unterziehen. Tomaten, Rosmarin und Pecorino unterheben. Die Mulden des Muffinblechs leicht fetten, den Teig einfüllen und im Ofen etwa 20 Minuten goldbraun backen.

3.
Inzwischen für die Tomatenbutter die Butter in einem hohen Rührbecher mit dem Stabmixer weich und schaumig mixen. Die Tomaten auf Küchenpapier abtropfen lassen und grob hacken. Tomaten, Tomatenmark, Zitronenschale, Zucker, Fleur de Sel und Pfeffer dazugeben und alles fein pürieren. Die Tomatenbutter abschmecken, in eine Schüssel füllen und im Kühlschrank etwas fester werden lassen.

4.
Die Muffins aus dem Ofen nehmen und im Blech leicht abkühlen lassen. Dann herauslösen und noch warm servieren oder auf einem Kuchengitter vollständig abkühlen lassen. Die Tomatenbutter dazu reichen.

KRÄUTER-FINESSE
Für den ganz besonderen Pfiff können Sie noch frittierte Rosmarinnadeln unter die Tomatenbutter mischen. Dazu die Nadeln von 2 Zweigen Rosmarin abzupfen. Etwa drei Fingerbreit Rapsöl in einem kleinen Topf auf 130 °C erhitzen (das Fett darf nicht zu heiß sein, sonst wird der Rosmarin bitter). Die Nadeln darin 30–45 Sekunden frittieren. Herausheben und auf Küchenpapier abtropfen lassen. Funktioniert genauso mit Salbei. Nicht frittiert, aber dennoch lecker schmeckt in der Butter fein gehackter Estragon.

AUF DIE FAUST

Street- & Fingerfood

TRAMEZZINI-RÖLLCHEN MIT KÖRNIGEM FRISCHKÄSE UND APFEL

Pane per tramezzini **ist ein italienisches Weißbrot ohne Rinde, in etwa unserem Toastbrot vergleichbar. Ich liebe es, denn es hat eine tolle, weiche Konsistenz und man kann ohne großen Aufwand viel kreatives Fingerfood daraus herstellen, das richtig was hermacht. Hier eine meiner Lieblingskreationen.**

30 Minuten

FÜR 4 PERSONEN

Für die Röllchen:
10 Radieschen
8 Scheiben Tramezzini-Brot oder Toastbrot ohne Rinde (siehe Tipp)
200 g körniger Frischkäse
1 Beet Gartenkresse
2 Eigelb zum Bestreichen
2 EL Olivenöl

Für die Garnitur:
2 grüne Äpfel (Sorte Granny Smith)
1 EL Zucker
50 ml Weißwein
4 EL Crème fraîche

Außerdem:
Kugelausstecher (nach Belieben; siehe Tipp Seite 12)

1.
Die Radieschen in sehr feine Stifte schneiden. Das Brot mit dem Nudelholz dünn auswalzen und jede Scheibe einmal quer halbieren.

2.
Den Frischkäse auf den Scheiben verstreichen, Radieschenstifte und drei Viertel der Kresse darauf verteilen. Die Ränder mit verquirltem Eigelb einstreichen und die Brotscheiben aufrollen.

3.
Das Öl in einer Pfanne erhitzen und die Rollen darin bei mittlerer Hitze rundherum etwa 2 Minuten knusprig braten. Herausnehmen und leicht abkühlen lassen.

4.
Für die Garnitur die Äpfel schälen und mit dem Kugelausstecher kleine Perlen ausstechen oder mit dem Messer in kleine Würfel schneiden. Den Zucker in einer kleinen Pfanne bei mittlerer Hitze karamellisieren. Mit Weißwein ablöschen und die Apfelperlen oder -stücke darin kurz dünsten.

5.
Die Tramezzini-Rollen schräg halbieren und mit den Äpfeln auf Tellern anrichten. Mit Crème fraîche beträufeln und mit übriger Kresse garnieren. Alternativ in Gläsern anrichten.

DAS RICHTIGE BROT
Tramezzini (aus dem Italienischen von tramezzo = »mittendrin«, »dazwischen«) sind belegte und zusammengeklappte oder aufgerollte Sandwiches, die in italienischen Bars oder Bäckereien als Zwischenmahlzeit oder Snack serviert werden. Das dafür verwendete original italienische Brot »Pane per tramezzini« gibt es bei uns immer häufiger in gut sortierten Supermärkten oder natürlich in italienischen Feinkostläden zu kaufen.

FOCACCIA-BURGER MIT TOMATENPESTO UND MANDELCREME

Hier stelle ich Ihnen mal einen etwas anderen Burger vor, den Sie unbedingt ausprobieren sollten. Anstelle von Mozzarella lässt er sich auch mit anderen Käsesorten belegen. Wenn Sie die Sache etwas beschleunigen wollen, können Sie für die Focaccia auch fertigen Pizzateig aus dem Kühlregal verwenden.

45 Minuten + 40 Minuten Gehzeit

FÜR 4 PERSONEN

Für die Focaccia:
½ Würfel Hefe (21 g)
300 g Mehl
1 EL Olivenöl, plus etwas mehr zum Bestreichen
1 TL Salz

Für den Belag:
200 g Kirschtomaten
4 Zweige Rosmarin
Fleur de Sel
4–5 Stängel Basilikum
100 g Panko-Mehl (asiat. Paniermehl; siehe Tipp Seite 165)
16 Scheiben Büffelmozzarella
1 EL Mehl, 2 Eier
4 EL Olivenöl
½ Bund Rucola

Für die Creme:
100 g Mandelstifte
½ Chilischote
3 EL Mandelöl (ersatzweise Sonnenblumenöl)
Salz
frisch gemahlener weißer Pfeffer

Für das Pesto:
30 g Pinienkerne
40 g Parmesan
60 g getrocknete Tomaten (in Öl)
5 Basilikumblätter
2 EL Olivenöl
1 Prise Zucker
Salz
frisch gemahlener Pfeffer

1.

Für die Focaccia die Hefe in 200 ml lauwarmem Wasser auflösen und mit einem sauberen Küchentuch zugedeckt 10 Minuten ruhen lassen. Mehl, Hefemischung, Öl und Salz verkneten und den Teig in einer Schüssel zugedeckt 30 Minuten gehen lassen.

2.

Den Backofen auf 220 °C Ober-/Unterhitze vorheizen. Den Teig nochmals kräftig durchkneten und auf Backblechgröße ausrollen. Ein Backblech mit Backpapier auslegen, den Teig daraufgeben und mit etwas Öl bestreichen. Für den Belag die Tomaten in Scheiben schneiden und so auf dem Teig verteilen, dass später jeder 5 × 10 cm breite Focacciastreifen 4 Tomatenscheiben besitzt. Dabei die

ÖFTER MAL EINE PAUSE MACHEN
Beim Mahlen der Mandeln darauf achten, dass die Creme nicht zu warm wird. Sonst trennt sich das Öl ab und die Zutaten der Creme verbinden sich nicht richtig.

Scheiben etwas in den Teig drücken. Die Rosmarinnadeln abzupfen und fein hacken. Die Focaccia mit Rosmarin und Fleur de Sel bestreuen, dann im Ofen etwa 20 Minuten backen.

3.

Inzwischen für die Creme die Mandelstifte in einer Pfanne ohne Fett leicht anrösten. Abkühlen lassen. Die Chilischote längs halbieren, entkernen und in Würfel schneiden. Mandeln und Chili mit Öl sowie je 1 Prise Salz und Pfeffer im Blitzhacker fein mahlen, bei Bedarf mehr Öl dazugeben.

4.

Für das Pesto die Pinienkerne in einer Pfanne ohne Fett bei mittlerer Hitze goldbraun rösten. Abkühlen lassen. Den Parmesan fein reiben, die getrockneten Tomaten auf Küchenpapier abtropfen lassen. Pinienkerne, Parmesan, Tomaten, Basilikum und Öl mit dem Stabmixer oder im Blitzhacker fein pürieren. Das Pesto mit Zucker, Salz und Pfeffer abschmecken.

5.

Die Focaccia aus dem Ofen nehmen und auf dem Blech etwa 15 Minuten abkühlen lassen. Inzwischen die Basilikumblätter abzupfen, grob schneiden und mit dem Panko-Mehl im Blitzhacker fein zerkleinern. Die Mozzarellascheiben mit Küchenpapier trocken tupfen und im Mehl wenden. Dann durch die verquirlten Eier ziehen und mit den Panko-Basilikum-Bröseln rundherum panieren.

6.

Das Öl in einer Pfanne erhitzen und die Mozzarellascheiben darin bei mittlerer bis starker Hitze knusprig ausbacken. Auf Küchenpapier abtropfen lassen und mit Fleur de Sel würzen.

7.

Die abgekühlte Focaccia in 5 × 10 cm breite Streifen schneiden, horizontal halbieren und die Unterseiten mit dem Tomatenpesto bestreichen. Mit etwas Rucola belegen und die gebackenen Mozzarellascheiben darauf verteilen. Die Focaccia-Oberseiten innen mit der Mandelcreme bestreichen, jeweils als Deckel auflegen und leicht andrücken.

LAUGENBURGER MIT TOFU-GEMÜSE-PATTY

Meine neue Lieblingszutat: Schwarzer Rettich. Er trägt seinen Namen aufgrund der dunklen Haut, das Fruchtfleisch dagegen ist weiß und fest. Erntezeit ist vor dem ersten Frost, Rettich ist jedoch sehr gut lagerbar, darum kann man ihn den ganzen Winter über kaufen. Er gibt Suppen oder geraspelt Salaten eine gewisse Schärfe und steckt voller Vitamin C.

40 Minuten

FÜR 4 PERSONEN

Für Burger und Mayo:

1 große Zwiebel
2 EL Erdnussöl
2 EL Zucker
4 grüne oder rote Tomaten
20 g Schwarzer Rettich
4 eingelegte Chilischoten
1 EL eingelegter Ingwer
4 Laugenbrötchen (siehe Tipp)
100 g Mayonnaise
1 TL Mumbai-Currypulver

Für die Pattys:

400 g Räuchertofu
1 Bund Suppengemüse (Lauch, Möhre, Sellerie)
80 g Austernpilze
5 Stängel Koriandergrün
1 Ei
1 Eigelb
4 EL Weißbrotbrösel
1 EL Mehl
1 EL Ketjap Manis (indones. süße Sojasauce)
2 EL Sweet Chili Sauce
2 TL gemahlener Koriander
2 TL gemahlener Kreuzkümmel
Salz
frisch gemahlener Pfeffer
2 EL Erdnussöl
Fleur de Sel

1.

Für die Burger die Zwiebel schälen und in feine Streifen schneiden. Das Öl in einer Pfanne erhitzen und die Zwiebelstreifen darin bei mittlerer Hitze glasig anschwitzen. Mit Zucker bestreuen, leicht karamellisieren und 10 Minuten goldbraun schmoren.

2.

Inzwischen die Tomaten ohne Stielansatz in Scheiben schneiden. Den Rettich gut waschen oder schälen und grob raspeln. Chilischoten auf Küchenpapier abtropfen lassen, dabei leicht ausdrücken. Ingwer abtropfen lassen und mit den Chilis fein schneiden.

3.

Für die Pattys den Tofu bei Bedarf mit Küchenpapier ausdrücken. Das Suppengemüse eventuell schälen, mit den Pilzen putzen, klein schneiden und im Blitzhacker oder in der Küchenmaschine fein zerkleinern. Korianderblätter abzupfen und fein schneiden.

4.

Gemüse und Koriandergrün in einer Schüssel mit Ei, Eigelb, Weißbrotbröseln, Mehl, Ketjap Manis, Sweet Chili Sauce, gemahlenem Koriander und Kreuzkümmel verkneten und mit Salz und Pfeffer abschmecken. Aus der Masse mit angefeuchteten Händen 4 flache Burger formen. Das Öl in einer Pfanne erhitzen und die Burger darin bei mittlerer bis starker Hitze von beiden Seiten knusprig goldbraun anbraten. Mit Fleur de Sel würzen.

5.

Währenddessen die Brötchen aufschneiden und toasten. Für die Mayo Mayonnaise und Currypulver glatt verrühren. Die Brötchenunterseiten mit karamellisierten Zwiebeln belegen. Pattys auflegen, dann Tomaten, Rettichraspel, Chilis und Ingwer darauf verteilen. Die Brötchenoberseiten innen mit Curry-Mayo bestreichen, auflegen und leicht andrücken.

6.

Die Burger noch warm servieren. Dazu passen die Süßkartoffelpommes von Seite 42 perfekt.

STATT LAUGENBRÖTCHEN

Diese Burger schmecken natürlich auch in selbst gebackenen Brötchen. So können Sie aus dem Teig für das Olivenbrot (siehe Seite 152) zum Beispiel auch eigene Brötchen backen, um die Tofu-Gemüse-Pattys lecker verpackt in den Magen zu transportieren.

SÜSSKARTOFFELPOMMES MIT TRÜFFELMAYONNAISE

Süßkartoffeln sind einer *der* neuen Trends, die ich ganz besonders begrüße. Ihr Geschmack ist etwas süßlicher als der gewöhnlicher Kartoffeln und erinnert an Möhren oder Kürbis. Ihre Konsistenz ist etwas weicher. Achten Sie beim Kauf auf eine gleichmäßige Färbung der Süßkartoffeln. Beim leichten Drucktest sollten sich die Knollen zudem fest anfühlen.

45 Minuten

FÜR 4 PERSONEN

Für die Pommes:
3 große Süßkartoffeln
100 g Speisestärke
Pflanzenöl zum Frittieren
Salz
frisch gemahlener Pfeffer

Für die Mayonnaise:
3 sehr frische Eigelb
1 TL Dijonsenf
1 TL frisch geriebener Parmesan
200 ml Sonnenblumenöl
1 EL Trüffeltapenade (siehe Tipp)
1 Spritzer Limettensaft
Salz
frisch gemahlener Pfeffer

1.
Die Süßkartoffeln schälen und in 1 cm breite Stäbchen schneiden, in einer Schüssel mit Wasser bedecken und 15 Minuten ruhen lassen.

2.
Inzwischen für die Mayonnaise die Eigelbe mit Senf und Parmesan in einem hohen Rührbecher mit dem Stabmixer verquirlen. Das Öl zunächst tröpfchenweise, dann in einem dünnen Strahl einlaufen lassen, dabei immer weiter mixen, bis sich alles cremig verbunden hat. Die Trüffeltapenade unterheben. Mit Limettensaft, Salz und Pfeffer abschmecken. Kühl stellen.

3.
Die Süßkartoffelstäbchen abgießen und mit einem Küchentuch trocken tupfen. Rundherum mit Stärke bestäuben, in ein großes feines Sieb geben und überschüssige Stärke wieder abschütteln.

4.
Das Öl in der Fritteuse oder in einem großen Topf auf 150 °C erhitzen und die Kartoffelstäbchen darin portionsweise etwa 5 Minuten frittieren, bis sie gerade gar sind (siehe Tipp). Herausnehmen, auf Küchenpapier abtropfen und kurz abkühlen lassen.

5.
Dann die Öltemperatur auf 175 °C erhöhen. Die Stäbchen nochmals portionsweise ins heiße Fett geben und etwa 5 Minuten knusprig ausbacken. Herausnehmen, abtropfen lassen und mit Salz und Pfeffer würzen.

6.
Die Süßkartoffelpommes auf Teller oder in Schälchen verteilen und mit der Trüffelmayonnaise servieren.

TAPENADEN
Trüffeltapenade gibt es im Feinkosthandel oder über das Internet. Wer die Ausgaben dafür scheut, bereitet die Mayonnaise stattdessen mit einer Oliventapenade zu oder einfach pur, ohne »Extras«.

RICHTIG FRITTIEREN
Im doppelten Frittieren liegt das Geheimnis für besonders knusprige Pommes. Frittiert man Pommes in nur einem Durchgang, besteht die Gefahr, dass sie innen nicht gar oder außen zu dunkel werden. Der zweite Trick: immer nur portionsweise frittieren. Das Fett kühlt zu stark ab, wenn man alle Pommes auf einmal hineingibt. Und dann kann es sein, dass die Pommes zu viel Fett aufsaugen.

KARTOFFELSALAT MIT BASILIKUMMAYONNAISE

Für mich kommt es bei Kartoffeln immer auf die Wahl der richtigen Sorte an. Glücklicherweise besinnen sich mehr und mehr Bauern auf alte Sorten zurück und bauen diese wieder an. In Bezug auf Geschmack und Konsistenz haben solche Sorten häufig mehr zu bieten als ihre hochgezüchteten Verwandten. Machen Sie sich doch auch einmal schlau, welche Sorten die Bauern aus Ihrer Region anbieten – die Mühe lohnt sich!

25 Minuten + 1 Stunde Ziehzeit

FÜR 4 PERSONEN

Für den Salat:
800 g festkochende Salatkartoffeln (z. B. Sorte Linda oder La Ratte)
Salz
100 g getrocknete Kirschtomaten (in Öl)
frisch gemahlener Pfeffer

Für die Mayonnaise:
50 g Walnusskerne
1 Bund Basilikum
60 g Parmesan
2 sehr frische Eigelb
Saft von 1 Zitrone
Salz
frisch gemahlener Pfeffer
250 ml Rapsöl
100 g Crème fraîche
200 ml Gemüsebrühe

1.

Für den Salat die Kartoffeln schälen, in Würfel schneiden und in kochendem Salzwasser etwa 15 Minuten weich garen.

2.

Inzwischen für die Mayonnaise die Walnusskerne hacken und in einer Pfanne ohne Fett anrösten. In eine Schüssel umfüllen und abkühlen lassen. Die Basilikumblätter abzupfen und hacken. Den Parmesan reiben.

3.

Die Eigelbe mit Zitronensaft, Salz und Pfeffer mit dem Stabmixer aufschlagen. Das Öl in einem dünnen Strahl einfließen lassen, bis eine cremige Emulsion entsteht. Walnüsse, Basilikum, Parmesan, Crème fraîche und Gemüsebrühe untermixen (siehe Tipp).

4.

Die Kartoffelwürfel abgießen und kurz ausdampfen lassen. Noch heiß mit der Mayonnaise mischen und den Salat mindestens 1 Stunde ziehen lassen.

5.

Zum Anrichten die Tomaten auf Küchenpapier abtropfen lassen und unterheben. Kartoffelsalat nochmals mit Salz und Pfeffer abschmecken.

BRÜHE RICHTIG DOSIEREN

Damit der Salat nicht zu pappig und klebrig wird, benötigt er relativ viel Flüssigkeit. Die bekommt er durch die Gemüsebrühe, welche wiederum die Mayonnaise stark verdünnt. Wenn Sie die Basilikummayonnaise als Grillsauce zubereiten, verzichten Sie am besten auf die Zugabe der Brühe.

KARTOFFELKRAPFEN MIT RAHMLAUCH UND FRÜHLINGSZWIEBEL-TEMPURA

Lauch verschwindet in der Gemüseküche nur allzu oft in der Schublade für »Suppengemüse«. Und das, obwohl er als Frühlauch, Sommerlauch, Herbstlauch und Winterlauch wirklich das ganze Jahr hindurch bei uns wächst. Dass er viel mehr kann und als eigenständiges Gemüse ein Begleiter auf Augenhöhe ist, beweise ich mit diesem Gericht.

1 Stunde

FÜR 4 PERSONEN

Für die Krapfen:
1 kg mehligkochende Kartoffeln
Salz
100 g Mehl
2 EL Butter
frisch geriebene Muskatnuss
2 Eigelb
Pflanzenöl zum Frittieren

Für den Lauch:
750 g Lauch
2 EL Butter
frisch geriebene Muskatnuss
Salz
frisch gemahlener Pfeffer
200 g Sahne
1–2 TL Speisestärke (nach Belieben)
Saft von 1 Limette

Für die Tempura:
8 Frühlingszwiebeln
1–2 EL Mehl
100 ml Tempura-Teig (siehe Tipp)

Außerdem:
Kartoffelpresse

1.

Für die Krapfen die Kartoffeln schälen, in grobe Stücke schneiden und in kochendem Salzwasser 20 Minuten weich garen. Inzwischen den Lauch putzen und in dünne Ringe schneiden. Die Butter in einem Topf erhitzen und die Lauchringe darin bei mittlerer Hitze anschwitzen. Mit Muskat, Salz und Pfeffer abschmecken. Die Sahne angießen und den Lauch bei schwacher Hitze 10–12 Minuten garen.

2.

Die Kartoffeln abgießen, kurz ausdampfen lassen und durch die Presse drücken (für einen besonders geschmeidigen Teig noch durch ein feines Sieb streichen). Das Mehl sieben. 200 ml Wasser, Butter, je

1 Prise Muskat und Salz in einem Topf aufkochen. Den Topf vom Herd nehmen. Gesiebtes Mehl dazugeben und mit dem Holzlöffel zu einem Kloß rühren.

3.

Den Mehlkloß in eine Schüssel umfüllen und die Eigelbe sofort nacheinander glatt unterrühren. Dann die Kartoffelmasse dazugeben und alles zu einer homogenen Masse mischen.

4.

Ausreichend Öl in einem Topf oder der Fritteuse auf 180 °C erhitzen – es ist heiß genug, wenn sich an einem hineingehaltenen Holzlöffelstiel Blasen bilden. Mit zwei Teelöffeln Nocken von der Krapfenmasse abstechen und im heißem Fett etwa 2 Minuten goldbraun ausbacken. Herausheben und auf Küchenpapier abtropfen lassen.

5.

Dann die Öltemperatur etwas reduzieren (170 °C). Für die Tempura Frühlingszwiebeln putzen, in 5–6 cm lange Stücke schneiden und in kochendem Salzwasser 1 Minute blanchieren. Abgießen, kalt abschrecken, mit Küchenpapier trocken tupfen und im Mehl wälzen. Durch den Tempurateig ziehen und im heißen Öl 2–3 Minuten goldbraun ausbacken.

6.

Für den Lauch nach Belieben Stärke mit wenig kaltem Wasser glatt rühren und den Lauch damit binden. Nochmals mit Limettensaft, Salz und Pfeffer abschmecken. Den Rahmlauch mit Frühlingszwiebel-Tempura und Kartoffelkrapfen servieren.

TEMPURATEIG HERSTELLEN

Entweder rührt man den Teig aus Tempura-Mehl an, das es als spezielle Mischung in jedem Asialaden zu kaufen gibt. Der Teig lässt sich allerdings auch ohne das entsprechende Mehl ganz leicht selbst herstellen. Dazu 40 g Mehl, 40 g Speisestärke und ½ TL Backpulver in eine Schüssel sieben. Nach und nach etwa 100 ml kaltes Wasser unterrühren, bis ein glatter, leicht flüssiger Teig entsteht.

CROSSOVER-TORTILLAS MIT WASABI-SAUERRAHM UND ERDNUSSDIP

Die hier benötigten Erbsen-Spargel-Sprossen tragen ihren Namen deshalb, weil sie beim Erhitzen ein Aroma entwickeln, das an grünen Spargel erinnert. Jeder gut sortierte Supermarkt verfügt inzwischen über eine reiche Auswahl an Sprossen. Ich ziehe sie am liebsten selbst – was ganz ohne großen Aufwand machbar ist (siehe Tipp).

30 Minuten

FÜR 4 PERSONEN

Für die Tortillas:
1 Schalotte
4–5 Blätter Chinakohl
2 EL geröstetes Sesamöl
2 EL Sweet Chili Sauce
Salz
frisch gemahlener Pfeffer
2 Beete Gartenkresse
100 g Erbsen-Spargel-Sprossen
150 g saure Sahne
½ TL Wasabi-Paste
Saft von ½ Limette
2 reife Avocados
2 reife Pfirsiche
4 große oder 8 kleine Weizentortillas

Für den Dip:
80 g Zucker
2 EL Sojasauce
2 EL Sweet Chili Sauce
100 ml Gemüsebrühe
3 EL Erdnussbutter
Salz
frisch gemahlener Pfeffer

1.
Die Schalotte schälen und mit dem Chinakohl in feine Streifen schneiden. Das Sesamöl in einer Pfanne erhitzen und die Schalotten- und Chinakohlstreifen darin anschwitzen. Mit Chilisauce, Salz und Pfeffer abschmecken. Leicht einkochen und abkühlen lassen.

2.
Inzwischen den Backofen auf 180 °C Umluft vorheizen. Für den Dip den Zucker in einer Pfanne bei mittlerer Hitze karamellisieren. Mit Sojasauce und Sweet Chili Sauce ablöschen. Die Brühe dazugeben und aufkochen. Die Erdnussbutter einrühren und den Dip mit Salz und Pfeffer abschmecken.

3.
Die abgekühlte Chinakohlmischung mit Kresse und Sprossen mischen. Saure Sahne mit Wasabi-Paste, Limettensaft, Salz und Pfeffer abschmecken. Avocados und Pfirsiche jeweils halbieren und entsteinen. Die Avocados schälen, mit den Pfirsichen in dünne Streifen schneiden und mischen.

4.
Die Tortillas auf einem Blech im Ofen 2–3 Minuten leicht erwärmen. Herausnehmen und mit Wasabi-Sauerrahm bestreichen. Die Chinakohl-Sprossen-Mischung darauf verteilen und die Avocado-Pfirsich-Streifen in die Mitte geben, dabei einen Rand frei lassen. Die Seitenränder zur Mitte hin einschlagen und die Tortillas aufrollen.

5.
Die Tortilla-Rollen schräg halbieren, in Pergamentpapier einwickeln und mit dem Erdnussdip servieren.

SPROSSEN SELBST ZIEHEN
Zum Ziehen von Sprossen benötigen Sie lediglich ein geeignetes Keimgefäß, Wasser und Saatgut. Wer regelmäßig Sprossen ziehen möchte, dem empfehle ich den Kauf eines (einfachen) Keimgeräts – das gibt es wie die Samen in jedem Reformhaus oder Bio-Markt zu kaufen.

V

VEGAN-TIPP
Wer die Tortillas vegan genießen möchte, nimmt statt saurer Sahne einfach eine vegane Alternative auf Nuss- oder Tofu-Basis.

PETERSILIENWURZELCHIPS

Für eine Portion den Backofen auf 150 °C Umluft vorheizen. 1 mittelgroße Petersilienwurzel schälen und in dünne Scheiben hobeln. Mit 1–2 EL Olivenöl mischen. Ein Backblech mit Backpapier auslegen, die Wurzelscheiben darauf verteilen und im Ofen 20–30 Minuten je nach Dicke der Scheiben goldbraun rösten. Herausnehmen, mit Fleur de Sel würzen und abkühlen lassen. Rasch verzehren.

QUINOA-BÄLLCHEN MIT ERBSEN-PÜREE UND ERDNUSSSAUCE

Quinoa ist ein sogenanntes Pseudo-Getreide, das seit einigen Jahren voll im Trend liegt. Da sie kein Gluten enthält, ist sie für die meisten Menschen gut verträglich. Die Tatsache, dass sie alle essenziellen Aminosäuren besitzt, macht sie zu einem großartigen pflanzlichen Eiweißlieferanten.

1 Stunde

FÜR 4 PERSONEN

Für die Bällchen:
300 g Quinoa
600 ml Gemüsebrühe
¼ Sellerieknolle
1 große Möhre
½ Lauchstange
½ Bund Minze
5 EL Olivenöl
100 g Panko-Mehl (asiat. Paniermehl; siehe Tipp Seite 165)
2 Eier
½ TL gemahlener Kreuzkümmel
½ TL gemahlene Kurkuma
Salz, frisch gemahlener Pfeffer
Erbsenkresse und Petersilienwurzelchips zum Garnieren (siehe Tipp; nach Belieben)

Für die Sauce:
250 ml Gemüsebrühe
2 EL Sojasauce
4 EL Erdnussbutter
1 dünne Scheibe Ingwer
1 EL Sweet Chili Sauce
Salz

Für das Püree:
300 g frische Erbsen
50 ml Gemüsebrühe
50 g Butter
Salz, frisch gemahlener Pfeffer

1.
Für die Bällchen die Quinoa in einem Sieb so lange heiß abspülen, bis das Wasser klar bleibt, dann abtropfen lassen. Die Gemüsebrühe aufkochen und die Quinoa einrühren. Erneut aufkochen und bei schwacher Hitze etwa 15 Minuten köcheln, bis die Brühe vollständig aufgesogen ist.

2.
Inzwischen Sellerie und Möhre schälen, den Lauch putzen. Das gesamte Gemüse sehr fein würfeln. Die Minzeblätter abzupfen und fein hacken. 2 EL Öl in einer Pfanne erhitzen und das Gemüse darin bei mittlerer Hitze 4–6 Minuten anschwitzen. Die Pfanne vom Herd nehmen und das Gemüse abkühlen lassen.

3.
Das Panko-Mehl im Mixer oder Blitzhacker noch feiner mahlen und mit Quinoa, angeschwitztem Gemüse, Minze, Eiern, Kreuzkümmel, Kurkuma, Salz und Pfeffer zu einem glatten Teig vermischen. Den Teig zugedeckt 20 Minuten ruhen lassen.

4.
Währenddessen für die Sauce Gemüsebrühe und Sojasauce aufkochen. Die Erdnussbutter einrühren. Den Ingwer schälen, sehr fein schneiden und kurz mitgaren. Die Sauce mit Sweet Chili Sauce und Salz leicht scharf abschmecken. Warm halten.

5.
Für das Püree die Erbsen in kochendem Salzwasser bei mittlerer Hitze 5–10 Minuten garen. Abgießen und noch heiß mit Brühe und Butter im Mixer sehr fein pürieren. Das Püree mit Salz und Pfeffer abschmecken und warm halten.

6.
Vom Quinoa-Gemüse-Teig mit einem Löffel kleine Portionen abstechen und mit angefeuchteten Händen daraus kleine Kugeln formen. Das restliche Öl in einer Pfanne erhitzen und die Quinoa-Bällchen darin bei starker Hitze rundherum knusprig braten. Herausnehmen und auf Küchenpapier abtropfen lassen.

7.
Auf den Tellern jeweils etwas Erbsenpüree verteilen. Die Quinoa-Bällchen darauflegen und alles mit der Sauce beträufeln. Nach Belieben mit Erbsenkresse und frittierten Petersilienwurzelchips (siehe Tipp) garnieren.

PIZZEN MIT AVOCADO UND RUCOLASALAT

Hier wird die Pizza – abgesehen von Tomatensauce und Käse – erst nach dem Backen belegt. Das eröffnet völlig neue Perspektiven, da sie insbesondere mit Salat sehr gut und frisch schmeckt. Richtig knusprig wird der Boden übrigens, wenn man auf einem Pizzastein backt (siehe Tipp Seite 151).

45 Minuten + 70 Minuten Gehzeit

FÜR 4 PERSONEN

Für Teig und Belag:
1 Portion Pizzateig (siehe Tipp)
4 Zweige Oregano
4 Stängel Basilikum
2 Kugeln Büffelmozzarella (à 125 g)
20 g Pinienkerne
2 reife Avocados
50 g Kirschtomaten
100 g Rucola
1 EL Rapsöl
1 EL Pinienkernöl (ersatzweise Olivenöl)
1 EL Avocadoöl (ersatzweise Olivenöl)
3 EL Birnen-Balsamico-Essig

Salz
frisch gemahlener Pfeffer

Für die Sauce:
4 Strauchtomaten
2 Schalotten
1 Knoblauchzehe
2 EL Olivenöl
1 TL Zucker
250 g passierte Tomaten
Salz
frisch gemahlener Pfeffer

Außerdem:
Pizzastein (nach Belieben)

1.

Den Pizzateig wie angegeben vorbereiten (siehe Tipp). Während der Teig ruht, für die Sauce die Tomaten auf der Unterseite kreuzweise einritzen und mit kochendem Wasser überbrühen. Nach 1 Minute herausheben und kalt abschrecken. Haut abziehen, Tomaten halbieren, entkernen und ohne Stielansatz fein würfeln. Schalotten und Knoblauch schälen und fein würfeln.

2.

Das Olivenöl in einem Topf erhitzen und die Schalottenwürfel darin bei mittlerer Hitze glasig anschwitzen. Den Knoblauch dazugeben und kurz mitschwitzen. Mit dem Zucker bestreuen und leicht karamellisieren. Die passierten Tomaten dazugeben. Mit Salz und Pfeffer abschmecken. Die Tomatenwürfel untermischen. Für den Belag Oregano- und Basilikumblätter abzupfen und fein schneiden. Den Mozzarella trocken tupfen und in kleine Würfel schneiden.

3.

Den Backofen samt Backblechen auf 210 °C Umluft vorheizen. Den Pizzateig in 4 gleich große Portionen teilen, auf Backpapier sehr dünn ausrollen, mit Tomatensauce bestreichen und mit je einem Viertel der Mozzarellawürfel belegen. Mit Oregano und Basilikum bestreuen. Die Pizzen mit dem Backpapier auf die heißen

Bleche ziehen und im Ofen etwa 15 Minuten knusprig backen.

4.

Inzwischen für den Belag die Pinienkerne in einer Pfanne ohne Fett bei mittlerer Hitze goldbraun rösten, abkühlen lassen. Avocados halbieren, entsteinen und in Spalten schneiden. Tomaten vierteln. Rucola verlesen.

5.

Alle Ölsorten und Essig verquirlen und mit Salz und Pfeffer würzen. Avocado, Rucola und Kirschtomaten mit der Vinaigrette mischen. Den Salat auf den Pizzen verteilen und die Pizzen mit Pinienkernen bestreut servieren.

PIZZATEIG

500 g Mehl in eine Schüssel sieben, in die Mitte eine Mulde drücken und ¼ Würfel Hefe (10 g) hineinbröseln. Mit 1 Prise Zucker bestreuen. Hefe mit 50 g lauwarmem Wasser verrühren. An einem warmen Ort zugedeckt 10 Minuten gehen lassen. Dann 200 ml lauwarmes Wasser, 1 TL Salz und 3 EL Olivenöl dazugeben. Alles zu einem glatten Teig verkneten. Zu einer Kugel formen und erneut zugedeckt 1 Stunde gehen lassen.
Falls Sie bei Umluft backen, können Sie gleichzeitig mehrere Pizzen zubereiten. Ansonsten müssen Sie in zwei oder mehr Durchgängen backen.

V

VEGAN-TIPP

Diese Pizza ist auch vegan ein Genuss! Einfach auf den Mozzarella verzichten oder durch einen veganen Käse ersetzen. Ein paar Tropfen Olivenöl drüber und ab in den Ofen!

FETA-BÖREK

Das Rezept habe ich der türkischen Küche entlehnt. Die gefüllten, knusprigen Teigstangen sind nicht nur ein toller Snack auf die Hand für zwischendurch. Sie machen sich auch prima auf einem Buffet und passen als kleine Beigabe zu Suppen wie beispielsweise zur Radieschenblättersuppe (siehe Rezept Seite 95). Anstelle von Yufka-Teig können Sie übrigens genauso gut fertigen Strudelteig verwenden.

20 Minuten

FÜR 4 PERSONEN

20 g getrocknete Tomaten (in Öl)
20 g schwarze Oliven (entsteint)
4 Basilikumblätter
200 g Fetakäse
6 Yufka-Teigblätter (aus dem Kühlregal)
1 Eigelb zum Bestreichen

1.
Den Backofen auf 180 °C Umluft vorheizen. Die Tomaten auf Küchenpapier abtropfen lassen und mit den Oliven fein hacken. Die Basilikumblätter abzupfen und fein hacken. Den Fetakäse mit Küchenpapier abtupfen, in kleine Würfel schneiden und mit gehackten Tomaten, Oliven und Basilikum mischen.

2.
Die Yufka-Teigblätter auf der Arbeitsfläche auslegen und die Fetamasse in einem Streifen am unteren Ende darauf verteilen. Erst die Seitenränder zur Mitte hin einschlagen, dann die Teigblätter von unten nach oben vollständig aufrollen.

3.
Ein Backblech mit Backpapier auslegen, die Rollen darauf verteilen und mit dem verquirlten Eigelb bestreichen. Die Teigrollen im Ofen etwa 10 Minuten goldgelb backen.

4.
Die knusprigen Teigrollen aus dem Ofen nehmen, abkühlen lassen und zum Servieren in der Mitte schräg halbieren.

EINKAUFSTIPP
Die dünnen Yufka-Teigblätter bekommen Sie in türkischen Lebensmittelläden, aber auch gut sortierte Supermärkte bieten sie mittlerweile an.

VIELFÄLTIG EINSETZBAR

Den Teig nicht zu lange bearbeiten, da er sonst zäh wird. Je nachdem, was Sie ausbacken möchten, rühren Sie ihn nicht mit Weißwein, sondern mit Bier, Milch oder einfach Wasser an. Soll anstelle von Obst Gemüse ausgebacken werden, reduzieren Sie die Zuckermenge auf 1 Prise. Gemüse muss allerdings – je nach Sorte – vor dem Ausbacken blanchiert werden.

APFELKRAPFEN MIT SCHOKOLADENSAUCE

Ich verwende für diese Apfelkrapfen die Sorte Cox Orange, die zu den sogenannten »alten« Apfelsorten zählt. Ihr Fruchtfleisch ist gelb, knackig und saftig. Dem feinen Geschmack verdankt sie den Beinamen »König der Äpfel«. Übrigens sind die alten Apfelsorten für Allergiker häufig besser verträglich als Neuzüchtungen.

30 Minuten

FÜR 4 PERSONEN

Für die Äpfel:
4 Äpfel (Sorte Cox Orange)
2 cl Calvados
2 EL Puderzucker
1 l Pflanzenöl zum Frittieren
2–3 EL Mehl
1 TL Zimt
3 EL Zucker

Für die Sauce:
250 ml Milch
1 Vanilleschote
4 Eigelb
3 EL Zucker
60 g Zartbitterkuvertüre

Für den Teig:
2 Eier
250 g Mehl
200 ml Weißwein (siehe Tipp)
Salz
3 EL Pflanzenöl
1 EL Zucker

Außerdem:
Apfelausstecher

1.

Die Äpfel im Ganzen schälen, mit dem Apfelausstecher entkernen und quer in Scheiben schneiden. Mit Calvados beträufeln und mit Puderzucker bestäuben. Einige Minuten ziehen lassen.

2.

Inzwischen für die Sauce die Milch erhitzen. Die Vanilleschote längs einritzen, auskratzen und mit dem Mark in die Milch geben. Eigelbe und Zucker verquirlen. Die Vanillemilch aufkochen und langsam zur Eigelbmischung gießen, dabei ständig rühren.

3.

Dann die Masse über einem heißen Wasserbad so lange rühren, bis sie eindickt und cremig wird. Durch ein feines Sieb in einen Topf streichen. Die Kuvertüre raspeln und in der heißen Sauce schmelzen. Warm halten.

4.

Für den Teig die Eier trennen. Das Mehl in eine Schüssel geben und Eigelbe und Weißwein unterrühren. Die Eiweiße mit 1 Prise Salz mit den Quirlen des Handrührgeräts steif schlagen und unterheben. Zuletzt Öl und Zucker untermischen.

5.

Das Pflanzenöl in der Fritteuse oder einem Topf auf 170 °C erhitzen – es ist heiß genug, wenn sich an einem hineingehaltenen Holzlöffelstiel Blasen bilden. Die Apfelscheiben abtropfen lassen, im Mehl wenden und durch den Ausbackteig ziehen. Im heißen Fett portionsweise etwa 2 Minuten goldbraun ausbacken. Inzwischen Zimt und Zucker mischen.

6.

Die goldbraunen Apfelkrapfen auf Küchenpapier abtropfen lassen, im Zimtzucker wälzen und auf Teller verteilen. Mit der Schokoladensauce beträufelt servieren.

QUICK & DIRTY

Schnelles für die After-Work-Küche

CAESAR SALAD MIT RÖST-CIABATTA UND KRÄUTERBUTTER

Mein Tipp: Die Kräuterbutter ist ein wahrer Alleskönner und verleiht auch anderen Gerichten eine besondere Würze. Wunderbar passt sie zu Gegrilltem – bestreichen Sie damit zum Beispiel einmal Maiskolben vom Grill.

30 Minuten

FÜR 4 PERSONEN

Für das Ciabatta:
100 g weiche Butter
1 Eigelb
2 Spritzer Worcestersauce
1 TL Zitronensaft
1 TL Cognac
1 Msp. Cayennepfeffer
1 Msp. Currypulver
Salz
frisch gemahlener Pfeffer
2 ½ EL fein geschnittene gemischte Kräuter (z. B. Thymian, Schnittlauch, Petersilie, Estragon)
8 Scheiben Ciabatta (ca. 1 cm dick)

Für den Salat:
4 Eier
2 Knoblauchzehen
100 g Seidentofu
20 ml weißer Balsamico-Essig
60 ml Olivenöl
1 Prise Zucker
Salz, frisch gemahlener Pfeffer
1 Romanasalat
1 Beet Gartenkresse
(Shiso-)Kresse zum Garnieren

1.
Für das Ciabatta die weiche Butter in einer Schüssel mit den Quirlen des Handrührgeräts weiß und schaumig aufschlagen. Eigelb, Worcestersauce, Zitronensaft, Cognac, Cayennepfeffer und Currypulver untermischen. Mit Salz und Pfeffer abschmecken. Die Kräuter unterheben und die Kräuterbutter beiseitestellen.

2.
Für den Salat die Eier je nach Größe 5–8 Minuten wachsweich kochen. Inzwischen den Knoblauch schälen und in Würfel schneiden. Tofu, Knoblauch, Essig und Öl in einem hohen Rührbecher mit dem Stabmixer fein pürieren. Das Dressing mit Zucker, Salz und Pfeffer abschmecken. Für das Ciabatta den Backofen auf 180 °C Umluft vorheizen.

3.
Die Eier abschrecken und schälen. Ein Backblech mit Backpapier auslegen. Die Brotscheiben mit Kräuterbutter bestreichen, auf dem Blech verteilen und im Ofen 5 Minuten knusprig backen.

4.
Inzwischen Romanasalat verlesen und in mundgerechte Stücke zupfen. Mit der Gartenkresse in einer Schüssel mit dem Dressing marinieren. Die Eier der Länge nach halbieren oder vierteln.

5.
Den Salat auf Teller verteilen und die Eier darauf anrichten, das Ganze mit (Shiso-)Kresse garnieren und mit dem gerösteten Ciabatta servieren.

WACHTELEIER
Optisch veredelt wird der Salat, wenn man die Hühnereier gegen Wachteleier austauscht. Um sie wachsweich zu garen, reichen im Gegensatz zu gewöhnlichen Eiern 2 ½ Minuten aus. Wachteleier gibt es in gut sortierten Supermärkten, im Feinkostgeschäft und vor Festtagen inzwischen häufig sogar im Discounter zu kaufen.

SELLERIESALAT MIT BIRNEN UND BLAUSCHIMMELKÄSE-BROT

Eine äußerst würzige Kombination, die ich zu jeder Jahreszeit gern zubereite: Birnen und Staudensellerie haben ganzjährig Saison. Die Radicchio-Sorte Variegato di Castelfranco ist bei uns zwar meist nur im Juni und Juli auf dem Markt zu bekommen. Sie können ihn aber auch durch eine andere Sorte ersetzen.

30 Minuten

FÜR 4 PERSONEN

Für den Salat:
6 Stangen Staudensellerie
Salz
2 Birnen (Sorte Williams Christ)
1 Radicchio (Sorte Variegato di Castelfranco)

Für die Vinaigrette:
2 Stängel Estragon
4 Stängel Kerbel
3 Stängel glatte Petersilie
Saft von 1 Limette
1 EL Honig
1 TL Birnensaft
1 TL Birnen-Balsamico-Essig
3 EL Rapsöl
Salz
frisch gemahlener Pfeffer

Für das Brot:
6 Scheiben Sauerteigbrot
200 g Blauschimmelkäse
1 EL Sahne
50 g getrocknete Birnen (ersatzweise getrocknete Feigen)

1.

Für den Salat die Blätter vom Staudensellerie abzupfen und beiseitelegen. Die Selleriestangen schräg in dünne Scheiben schneiden. Die Selleriescheiben in kochendem Salzwasser 3 Minuten blanchieren. In ein Sieb abgießen, kalt abschrecken und abtropfen lassen. Die Birnen ungeschält achteln und entkernen. Den Radicchio putzen und in mundgerechte Stücke zupfen.

2.

Für die Vinaigrette die Estragon-, Kerbel- und Petersilienblätter abzupfen und fein hacken. Limettensaft, Honig, Birnensaft, Essig und Öl zu einer

Vinaigrette verrühren. Mit Salz und Pfeffer abschmecken und anschließend die Kräuter unterheben.

3.

Für das Brot den Backofengrill vorheizen. Die Brotscheiben darunter kurz anrösten. Blauschimmelkäse und Sahne glatt verrühren. Die getrockneten Birnen fein würfeln und unterheben. Das Brot mit der Käsemischung bestreichen und nochmals unter den Grill schieben, bis der Käse zerläuft. Sellerie, Birnen und Radicchio in einer Schüssel mit der Vinaigrette mischen.

4.

Salat und Röstbrot auf flache Teller verteilen, mit fein geschnittenem Selleriegrün bestreuen und servieren. Dazu passt gut ein Walnuss-Chutney (siehe Tipp).

WALNUSS-CHUTNEY

300 g geschälte Walnusskerne fein hacken, in einer Pfanne ohne Fett goldgelb anrösten und abkühlen lassen. 1 große Zwiebel schälen und fein würfeln. 1 haselnussgroßes Stück Ingwer schälen und fein reiben. 2 Birnen schälen, vierteln, entkernen und fein würfeln. ½ rote Chilischote entkernen und in feine Streifen schneiden. 5 EL Walnussöl in einem Topf erwärmen und die Zwiebelwürfel darin bei mittlerer Hitze glasig anschwitzen. Den Ingwer dazugeben und kurz mitdünsten. Birnenwürfel, Nüsse, Chili, 1 Lorbeerblatt, 1 Sternanis, 3 EL Birnenkompott, 3 EL Birnen-Balsamico-Essig, 3 EL Honig und 100 ml Portwein dazugeben. Alles unter Rühren aufkochen und bei schwacher Hitze etwa 20 Minuten dicklich einkochen lassen, dabei gelegentlich umrühren. Mit Salz und Pfeffer abschmecken.

BROTSALAT MIT OLIVEN, GRÜNEN BOHNEN UND TOMATEN

Den Brotsalat lasse ich vor dem Essen mindestens 15 Minuten ziehen, auch wenn mir das Warten dann meist schon schwerfällt. Aber nur so kann das Brot den Saft der Tomaten und die Vinaigrette richtig schön aufnehmen.

20 Minuten + 15 Minuten Ziehzeit

VEGAN

FÜR 4 PERSONEN

Für den Salat:
400 g Zwiebelbaguette
5 EL Olivenöl
2 Knoblauchzehen
2 Zweige Thymian
Salz
frisch gemahlener Pfeffer
200 g Keniabohnen
500 g Kirschtomaten
2 rote Zwiebeln
½ Cavaillon-Melone
50 g schwarze Oliven (entsteint; Sorte Taggiasca, siehe Tipp)
1 Bund Basilikum

Für die Vinaigrette:
60 ml Olivenöl
15 ml Balsamico-Essig
1 Prise Zucker
Salz
frisch gemahlener Pfeffer

1.
Den Backofen auf 180 °C Umluft vorheizen. Das Baguette in Würfel schneiden. Ein Backblech mit Backpapier auslegen und die Brotwürfel darauf verteilen. Mit dem Olivenöl beträufeln. Den Knoblauch zerdrücken und mit dem Thymian dazugeben. Mit Salz und Pfeffer würzen. Das Brot im Ofen etwa 10 Minuten knusprig rösten.

2.
Inzwischen die Bohnen putzen und in kochendem Salzwasser 4 Minuten knackig garen. Die Tomaten vierteln. Die Zwiebeln schälen und fein würfeln. Die Melone ohne Schale in mundgerechte Würfel schneiden. Die Bohnen abgießen und kalt abschrecken, nach Belieben an der Naht entlang längs halbieren.

3.
Das Brot aus dem Ofen nehmen und abkühlen lassen. Die Oliven halbieren. Brot, Bohnen, Tomaten, Zwiebeln, Melone und Oliven in einer großen Schüssel mischen. Für die Vinaigrette Öl und Essig verquirlen. Mit Zucker, Salz und Pfeffer abschmecken. Zutaten und Vinaigrette sorgfältig mischen und den Brotsalat mindestens 15 Minuten ziehen lassen.

4.
Den Brotsalat auf Teller oder Schüsseln verteilen und mit Basilikumblättern garniert servieren.

MILDE OLIVENSORTE
Namensgeber der Taggiasca-Oliven ist die ligurische Stadt Taggia in Norditalien. Es handelt sich dabei um eine alte Olivensorte, die bereits im 12. Jahrhundert von Benediktinermönchen eingeführt wurde. Im Vergleich zu anderen Sorten schmecken die kleinen Taggiasca-Oliven sehr viel weniger bitter und sind deshalb bei Feinschmeckern sehr beliebt.

ROTE-BETE-SALAT MIT ZIEGENKÄSE UND RAPUNZELSALAT

Bitte nicht erschrecken – »Rapunzelsalat« ist einfach die thüringische und sächsische Bezeichnung für den guten alten Feldsalat. Auch in anderen Regionen trägt der kleinblättrige, nussige Salat lustige Namen: So heißt er in im Südwesten Deutschlands »Mäuseöhrchensalat«, »Hasenöhrchen« in Unterfranken, »Schafsmäuler« in Franken oder »Vogerlsalat« in Österreich. Mir ist in der Tat keine andere Salatsorte bekannt, die die Namen so vieler unterschiedlicher Tiere trägt.

30 Minuten

FÜR 4 PERSONEN

Für die Vinaigrette:
1 rote Zwiebel
2 EL Olivenöl
2 EL Apfelsaft
1 Lorbeerblatt
2 EL Himbeeressig
6 EL Haselnussöl
1 Prise Zucker
Salz
frisch gemahlener Pfeffer

Für die Bete:
400 g vorgegarte Rote Bete (vakuumiert)
4 Äpfel (Sorte Cox Orange)

Für den Salat:
150 g Feldsalat
50 g Haselnusskerne
½ Bund Schnittlauch
100 g körniger Ziegenfrischkäse
Salz
frisch gemahlener Pfeffer
1 Beet Rote-Bete-Kresse (nach Belieben)

Außerdem:
Apfelausstecher

1.

Für die Vinaigrette die rote Zwiebel schälen und in feine Würfel schneiden. Das Olivenöl in einer Pfanne erhitzen und die Zwiebelwürfel darin bei mittlerer Hitze glasig anschwitzen. Mit dem Apfelsaft ablöschen, das Lorbeerblatt dazugeben und alles noch etwa 4 Minuten köcheln. Dann Himbeeressig und Haselnussöl unterrühren und die Vinaigrette mit Zucker, Salz und Pfeffer abschmecken.

2.

Inzwischen für die Bete die Rote-Bete-Knollen mit Küchenpapier trocken tupfen und in dünne Scheiben schneiden. Die Äpfel mit dem Apfelausstecher

entkernen und in dünne Scheiben schneiden.

3.

Für den Salat den Feldsalat verlesen und gründlich waschen, dabei die Wurzelansätze entfernen. Die Haselnüsse hacken und in einer Pfanne ohne Fett goldbraun rösten, dann leicht abkühlen lassen. Den Schnittlauch in feine Röllchen schneiden.

4.

Den Ziegenfrischkäse in einem Sieb abtropfen lassen, mit dem Schnittlauch glatt rühren und zuletzt mit Salz und Pfeffer abschmecken.

5.

Rote-Bete- und Apfelscheiben abwechselnd kreisförmig auf Tellern anrichten und mit der Hälfte der Vinaigrette beträufeln. Den Frischkäse auf den Scheiben verteilen.

6.

Den Feldsalat mit der restlichen Vinaigrette mischen und ebenfalls auf den Tellern anrichten. Alles mit gerösteten Haselnüssen und nach Belieben Rote-Bete-Kresse garnieren. Wer möchte, kann noch zusätzlich geraspelte rohe Rote-Bete-Knollen und geraspelte Äpfel über den Salat streuen (siehe Tipp). Dazu schmeckt in Scheiben geschnittenes Baguette.

EXTRA ROHKOSTRASPEL

Wer dem Salat noch das erdige Aroma von rohen Rote-Bete-Knollen hinzufügen möchte, wäscht 2 Knollen und raspelt sie grob (dabei am besten Einweg- oder Küchenhandschuhe tragen). Zusätzlich 2 Äpfel grob raspeln. Apfel- und Rote-Bete-Raspel mischen, sofort mit 1 Spritzer Zitronensaft beträufeln und mit Zucker, Salz und Pfeffer würzen. Zum Servieren über den Rapunzelsalat streuen.

ZWEIERLEI VON SPINAT UND BIRNE

Spinat ist ein echtes Multitalent. Mit diesem Gericht möchte ich Ihnen zeigen, auf wie unterschiedliche Art und Weise man dieselben Produkte zubereiten kann und wie sie dabei doch wieder in einem Gericht miteinander harmonieren.

30 Minuten

FÜR 2–3 PERSONEN

Für die Spinat-Birnen-Reisblätter:
2 Schalotten
2 EL Butter
500 g Babyspinat
1 Knoblauchzehe
frisch geriebene Muskatnuss
Salz
200 g Ricotta
2 Birnen (Sorte Williams Christ)
frisch gemahlener Pfeffer
4 Blätter Reispapier
(22 cm Ø; siehe Tipp)
2–3 EL Pflanzenöl

Für den Spinat-Birnen-Salat:
2 Birnen (Sorte Williams Christ)
1 kleine Handvoll Walnusskerne
2 EL Walnussöl
1 EL Birnen-Balsamico-Essig
1 Prise Zucker
Salz
frisch gemahlener Pfeffer
200 g Babyspinat

1.

Für die Reisblätter die Schalotten schälen und fein würfeln. Die Butter in einer Pfanne erhitzen und die Schalotten darin bei mittlerer Hitze glasig anschwitzen. Den Spinat dazugeben und kurz durchschwenken. Den geschälten Knoblauch fein würfeln und dazugeben. Mit Muskat und Salz würzen, dann in einem Sieb abtropfen lassen.

2.

Inzwischen für den Salat die Birnen achteln und entkernen. Die Walnüsse in einer Pfanne ohne Fett anrösten, abkühlen lassen. Für die Vinaigrette Walnussöl und Essig verquirlen. Mit Zucker, Salz und Pfeffer abschmecken. Birnen in der Vinaigrette marinieren.

3.

Für die Reisblätter den abgetropften und abgekühlten Spinat mit dem Ricotta mischen. Die Birnen schälen, vierteln, entkernen und würfeln. Mit der Spinat-Ricotta-Masse mischen. Mit Salz und Pfeffer abschmecken.

4.

Ein leicht angefeuchtetes sauberes Küchentuch auf der Arbeitsfläche ausbreiten. Die Reisblätter darauf verteilen und vorsichtig mit Wasser einstreichen, bis sie weich und elastisch werden. Jeweils etwas Spinat-Birnen-Füllung in der Mitte der Reisblätter als Streifen verteilen, dabei einen Rand frei lassen. Die Seitenränder zur Mitte einschlagen und die Reisblätter aufrollen. Das Öl in einer Pfanne erhitzen und die Rollen darin rundherum knusprig braten.

5.

Den Babyspinat locker unter die marinierten Birnen heben und den Salat in Schüsseln anrichten. Die Reisblätter auf Küchenpapier kurz abtropfen lassen und schräg halbieren. Die Hälften auf dem Salat anrichten und alles mit Walnüssen bestreut servieren.

HAUCHDÜNNE BLÄTTER

Reispapierblätter bekommen Sie in jedem Asialaden und inzwischen auch in vielen Supermärkten. Im Gegensatz zur chinesischen Variante für Frühlingsrollen wird ihr Teig aus Reismehl und Wasser hergestellt. Da sie in angefeuchtetem Zustand leicht reißen, legen Sie sie zur Verarbeitung am besten auf das Küchentuch. Alternativ können Sie die harten rohen Teigblätter auch kurz durch eine Schüssel mit lauwarmem Wasser ziehen. Allerdings ist für den pannenfreien Weitertransport auf das Küchentuch ein wenig Übung gefragt.

GUTES GEMÜSE – IMMER DIE BESTE WAHL

Gerade wenn wir uns darauf besinnen, öfter vegetarisch zu essen, dreht sich bei den Gerichten noch viel mehr um Obst und Gemüse. Sie bringen neben Farbe auch Vitamine, Mineralstoffe und Ballaststoffe auf den Tisch – ein Grund mehr, ihnen viel Aufmerksamkeit zu widmen, denn ich möchte mir mit dem, was ich esse, auch etwas Gutes tun. Umso wichtiger ist es, ganz besonders auf Herkunft, Qualität und Frische der Grundprodukte zu achten.

MEISTENS GEWINNT BIO

Auch wenn ein Bio-Apfel nicht immer so perfekt und makellos aussieht wie einer aus konventionellem Anbau, gebe ich ihm in der Regel den Vorzug. Denn meist wird man mit einem Vielfachen an Aroma belohnt – der »perfekt« aussehende Apfel schmeckt dagegen fast fad und nichtssagend. Oft spürt man diesen Unterschied schon, wenn man die Äpfel in die Hand nimmt – eine ganz andere haptische Erfahrung. Beim Kauf von Gemüse und Obst lasse ich mich also lieber von Aroma und Gefühl leiten als vom Aussehen, denn das kann hier leicht in die Irre führen: Das Schönste ist nicht automatisch das Beste.

JE KÜRZER DER WEG, DESTO FRISCHER DIE WARE

Je kürzer die Lebensmittel vom Erzeuger bis zum Verkäufer unterwegs waren, desto frischer sind sie. Darum kaufe ich mein Obst und Gemüse gerne bei einem Gang über den Wochenmarkt, wo die Erzeuger aus der Umgebung quasi zu mir kommen. Hier weiß ich, woher mein Gemüse stammt. Ich gehe aber noch viel lieber den umgekehrten Weg und halte in der Nähe nach Bauern und Betrieben mit angeschlossenem Bio-Hof Ausschau. Nirgends können Sie Obst und Gemüse frischer und besser kaufen als hier. Achten Sie beim nächsten Wochenendausflug doch einmal darauf oder planen Sie sogar ganz gezielt eine kleine Tour zu umliegenden Höfen.

ALTE SORTEN SIND GROSS IM KOMMEN

Nachdem die Sortenvielfalt in den letzten Jahrzehnten zugunsten von ertragreichen Hybridzüchtungen geschrumpft war, besinnen sich Erzeuger und auch wir Verbraucher wieder mehr und mehr auf »alte Sorten«. Apfelsorten – wie die Goldparmäne, eine der ältesten Sorten überhaupt – werden wiederentdeckt. Sie enthalten oft weitaus weniger Allergene als Neuzüchtungen und sind viel robuster. Ganz toll finde ich zum Beispiel auch die »Purple Haze«, einen Nachfahren der Urkarotte. Die lilafarbenen Möhren gibt es immer häufiger zu kaufen, sogar in gut sortierten Supermärkten. Hier findet man mittlerweile auch oft etwas sehr Praktisches: Mini-Gemüse – der Hit für Singlehaushalte! Wenn man Abwechslung mag und gleichzeitig nicht unnötig Lebensmittel wegwerfen will (was ich persönlich ganz schrecklich finde), dann sind diese Mini-Gemüse auf jeden Fall ein Gewinn.

ALLES ZU SEINER ZEIT

Mir ist es zudem wichtig, Produkte dann zu verarbeiten, wenn sie gerade Saison haben. Das heißt, ich kaufe Spargel und Erdbeeren im Frühsommer, Mangold, Zuckerschoten und Beerenobst im Sommer, Kürbis und Grünkohl im Herbst und Winter und nicht umgekehrt. Denn dann ist es am frischesten, am günstigsten und vor allem schmeckt es dann auch am besten. Das saisonale Angebot von Obst und Gemüse ist durch alle Jahreszeiten hinweg so groß, dass ich mich dadurch als Koch auch gar nicht eingeschränkt fühle. Im Gegenteil: Es inspiriert mich. Es ist toll, sich immer wieder umzuschauen, zu sehen, was frisch geerntet wurde, und sich von diesem reichhaltigen Angebot begeistern zu lassen.

SO ERKENNEN SIE GUTES GEMÜSE

Wie gesagt, muss es nicht das schönste Obst und Gemüse sein, das den besten Geschmack liefert. Dennoch sollte es knackig und frisch aussehen und keine braunen Stellen oder Verletzungen aufweisen, da es dann viel schneller verdirbt als unversehrtes. Aber bei der Auswahl von gutem Obst und Gemüse haben wir auch noch drei andere Sinne, auf die wir uns verlassen können. Den Tastsinn zum Beispiel: Die Beschaffenheit der Oberfläche und die Festigkeit des Fruchtfleischs sind Anhaltspunkte dafür, ob die Ware reif ist. Außerdem kann man auch riechen, ob ein Produkt einen aromatischen Duft verströmt. Am besten ist natürlich ein kleiner Vorgeschmack. Auf Märkten ist es bei guten Produzenten in der Regel kein Problem, wenn man mal nach einer Kostprobe fragt.

SCHARFE BOHNENSUPPE MIT MANGOLD

Nicht nur in meiner Küche stand er über viele Jahre im Schatten des Spinats, jetzt ist Mangold endlich wieder auf der Überholspur. Im Vitamin-C-Gehalt steht er seinem Konkurrenten in nichts nach, geschmacklich bietet er durch sein kräftiges Aroma fast mehr. Da Stiele und Blätter unterschiedliche Garzeiten haben, bereitet man sie am besten nacheinander zu. Mangold ist von Frühjahr bis Herbst auf Wochenmärkten und in Supermärkten erhältlich.

40 Minuten

VEGAN

FÜR 4 PERSONEN

200 g junger Mangold
1 grüne Chilischote
1 rote Chilischote
2 Schalotten
2 Knoblauchzehen
3 EL Olivenöl
3 EL Tomatenmark
½ TL gemahlener Kreuzkümmel
1 Dose weiße Bohnen (ca. 400 g)
500 ml Gemüsebrühe
1 Lorbeerblatt
8 Tomaten (ersatzweise stückige Tomaten aus der Dose; siehe Tipp)
1 Bund Koriandergrün
Salz

1.
Das Mangoldgrün in grobe Streifen schneiden, die Stiele würfeln. Die Chilischoten längs halbieren, entkernen und in feine Streifen schneiden. Schalotten und Knoblauch schälen und sehr fein würfeln. Das Öl in einem Topf erhitzen und Mangoldstiele, Chili, Schalotten und Knoblauch darin bei mittlerer Hitze glasig anschwitzen.

2.
Tomatenmark und Kreuzkümmel unterrühren und kurz mit anschwitzen. Die Bohnen in ein Sieb abgießen, abspülen und abgetropft dazugeben. Die Brühe angießen, den Lorbeer hinzufügen und alles zugedeckt bei mittlerer Hitze 15 Minuten garen.

3.
Inzwischen die Tomaten auf der Unterseite kreuzweise einritzen und mit kochendem Wasser überbrühen. Nach 1 Minute herausheben und kalt abschrecken. Die Haut abziehen, die Tomaten halbieren, entkernen und ohne Stielansatz fein würfeln. Mit dem Mangoldgrün zur Suppe geben und darin noch 5 Minuten garen.

4.
Die Korianderblättchen abzupfen und fein hacken. Die Bohnensuppe mit Salz abschmecken, auf tiefe Teller verteilen und mit Koriandergrün garniert servieren.

ZEIT SPAREN
Schneller geht es, wenn Sie die frischen Tomaten durch Dosentomaten ersetzen. Gerade im Winter eine gute Alternative. Weiße Bohnen aus der Dose sind ebenfalls super, wenn es mit dem Essen nach der Arbeit wirklich schnell gehen soll. Falls Sie es etwas gemütlicher angehen lassen können, verwenden Sie statt Bohnen aus der Dose frische weiße Bohnen vom Markt. Sie haben bei uns von Mai bis Oktober Saison. Das Pulen der Bohnenkerne aus den Schoten ist etwas aufwendig, dafür liegt die Garzeit nur bei etwa 15 Minuten.

ENDIVIEN-UNTEREINANDER MIT STEINPILZEN

Schlicht, aber gut! Dieses Untereinander ist für mich das perfekte Feierabendessen an trüben, verregneten Herbsttagen. Mit Steinpilzen wird daraus ein ganz besonderer Genuss, Sie können aber auch andere Pilze wie Champignons oder Kräuterseitlinge verwenden.

30 Minuten

FÜR 4 PERSONEN

Für das Untereinander:
750 g mehligkochende Kartoffeln
Salz
1 Endiviensalat
2 Zwiebeln
50 g Mehl
Pflanzenöl zum Frittieren
125 g Sahne
125 ml Milch
100 g Butter
frisch geriebene Muskatnuss
frisch gemahlener Pfeffer

Für die Pilze:
200 g Steinpilze
2 Schalotten
½ Bund Schnittlauch
2 EL Butter
Salz
frisch gemahlener Pfeffer

1.
Für das Untereinander die Kartoffeln schälen und in kochendem Salzwasser 20 Minuten weich garen. Inzwischen den Endiviensalat von groben Stielen befreien und in sehr feine Streifen schneiden.

2.
Die Zwiebeln schälen und in Ringe schneiden. Die Ringe im Mehl wälzen und in reichlich heißem Öl knusprig und goldbraun ausbacken. Herausheben und auf Küchenpapier abtropfen lassen.

3.
Inzwischen für die Pilze die Steinpilze putzen, falls nötig, mit Küchenpapier trocken abreiben und in Scheiben schneiden. Die Schalotten schälen und fein würfeln. Den Schnittlauch in feine Röllchen schneiden.

4.
Die Butter in einer Pfanne erhitzen und die Schalotten darin bei mittlerer Hitze glasig anschwitzen. Die Pilze dazugeben und rundherum kurz anbraten. Mit Salz und Pfeffer abschmecken, dann zwei Drittel der Schnittlauchröllchen untermischen.

5.
Die Kartoffeln abgießen und kurz ausdampfen lassen. Sahne, Milch und Butter erhitzen. Die Kartoffeln durch die Presse drücken, die heiße Sahnemilch untermischen und die Endivienstreifen unterheben. Die Röstzwiebeln untermischen und alles mit Muskat, Salz und Pfeffer abschmecken.

6.
Das Endivien-Untereinander auf Teller verteilen, die Pilze dazu anrichten und mit übrigem Schnittlauch bestreuen.

GEBRATENER SPARGEL MIT TATARENSAUCE UND PANKO-BRÖSELN

Die Tatarensauce, in der traditionellen französischen Küche auch als *Sauce tartare* bekannt, ist tatsächlich nach den gleichnamigen orientalischen Turkvölkern – den Tataren – benannt.

35 Minuten

FÜR 4 PERSONEN

Für die Sauce:
2 Eier
2 Gewürzgurken
4 sehr frische Eigelb
½ TL Senf
1 Prise Zucker
Salz
frisch gemahlener Pfeffer
200 ml neutrales Pflanzenöl
1 EL Weißweinessig
200 g Schmand
2 EL fein gehackte Petersilie
2 EL fein geschnittene Schnittlauchröllchen

Für den Spargel:
12 Stangen weißer Spargel
12 Stangen grüner Spargel
6 EL Panko-Mehl (asiat. Paniermehl; siehe Tipp Seite 165)
2 EL fein gehackter Kerbel
2 EL fein gehackte Petersilie
Fleur de Sel
3 EL Butter
2 EL Olivenöl
frisch gemahlener Pfeffer

1.
Für die Sauce die Eier 9 Minuten hart kochen. Inzwischen die Gurken abtropfen lassen und fein würfeln. Eigelbe und Senf mit den Quirlen des Handrührgeräts verrühren. Mit Zucker, Salz und Pfeffer abschmecken. Das Öl langsam einfließen lassen, dabei ständig weiterrühren.

2.
Essig und Schmand unterheben. Die hart gekochten Eier kalt abschrecken, schälen und hacken. Gehacktes Ei, Gurken und Kräuter unter die Sauce mischen. Nochmals abschmecken und im Kühlschrank durchziehen lassen.

3.

Inzwischen für den Spargel die weißen Stangen vollständig, die grünen im unteren Drittel schälen. Die holzigen Enden entfernen und die Stangen leicht schräg in 3–4 cm lange Stücke schneiden.

4.

Das Panko-Mehl mit Kerbel, Petersilie und 1 guten Prise Fleur de Sel mischen. Die Butter in einer Pfanne erhitzen und die Panko-Kräuter-Brösel darin bei mittlerer Hitze 5–10 Minuten unter Rühren goldbraun und knusprig braten. Vom Herd nehmen und abkühlen lassen (siehe Tipp).

5.

Das Olivenöl in zwei großen Pfannen erhitzen und den Spargel darin sortenweise je nach Dicke der Stangen etwa 8–10 Minuten rundherum anbraten. Er darf ruhig noch etwas Biss haben. Mit Fleur de Sel und Pfeffer würzen.

6.

Den Spargel mit einem Klecks Tatarensauce auf Teller verteilen und mit Panko-Bröseln bestreut servieren.

7.

Dazu passt gut Basmatireis. Auch die Röstkartoffeln aus dem Rezept von Seite 170 sind lecker dazu. Letztere können Sie am einfachsten ganz rasch aus vorgegarten Pellkartoffeln vom Vortag zubereiten.

BRÖSEL MIT SUCHTPOTENZIAL

Die Panko-Kräuter-Brösel schmecken nicht nur zu Spargel sehr gut. Sie sind vielfältig einsetzbar und geben Gerichten diesen ganz gewissen »Crunch«, der uns allen zum Beispiel von Chips her höchst bekannt ist. Daher gilt: Achtung – Suchtfaktor!

MÖHREN-COUSCOUS MIT MINZJOGHURT

Dieser Couscous mit Möhren unterschiedlicher Farben ist für mich optisch immer wieder ein wahres Highlight. In den Supermarkt hat die Möhrenvielfalt es leider bis auf wenige Ausnahmen noch nicht geschafft, aber halten Sie einmal auf dem Wochenmarkt Ausschau danach. An Ständen von Bio-Erzeugern findet man immer häufiger auch weiße, rote und violette Sorten.

30 Minuten

FÜR 4 PERSONEN

50 ml Orangensaft
60 ml Möhrensaft
110 ml Gemüsebrühe
½ TL gemahlene Kurkuma
1 Lorbeerblatt
½ TL Ras el-Hanout
Salz
160 g Instant-Couscous
100 g gelbe Möhren
100 g violette Möhren (z. B. Sorte Purple Haze)
100 g orangefarbene Möhren
3 Schalotten
½ Bund Koriandergrün
je 3 EL Butter und Olivenöl
3 Prisen Zucker
frisch gemahlener Pfeffer
3 Spritzer Mineralwasser

Für den Joghurt:
3 Stängel Minze
100 g griech. Joghurt (10 % Fett)
Saft von ½ Limette
Salz, frisch gemahlener Pfeffer

1.
Orangensaft, Möhrensaft und Brühe aufkochen und mit Kurkuma, Lorbeer, Ras el-Hanout und 1 TL Salz würzen. Den Couscous in einer Schüssel mit der heißen Flüssigkeit übergießen, gut durchrühren und zugedeckt etwa 10 Minuten ausquellen lassen.

2.
Inzwischen alle Möhren schälen und in Würfel oder Scheiben schneiden. Die Schalotten schälen und fein würfeln. Die Korianderblättchen abzupfen und fein schneiden.

3.
Jeweils 1 EL Butter und Öl in einer Pfanne erhitzen und je ein Drittel der Schalotten darin bei mittlerer Hitze witzen. Mit je 1 Prise Zucker bestreuen und leicht karamellisieren. Jeweils eine Farbe der Möhrenstücke hinzufügen. Mit Salz und Pfeffer abschmecken. 1 Spritzer Mineralwasser angießen und die Möhren 5–7 Minuten bissfest schmoren (siehe Tipp).

4.
Inzwischen für den Joghurt die Minzeblätter abzupfen und fein hacken. Joghurt und Minze glatt rühren und mit Limettensaft, Salz und Pfeffer abschmecken. Den gequollenen Couscous nochmals kurz erhitzen, dann gelbe und orangefarbene Möhren und Koriandergrün untermischen und mit Salz und Pfeffer abschmecken.

5.
Die violetten Möhren zuerst in Gläser verteilen, den Möhren-Couscous darübergeben und mit je 1 Klecks Minzjoghurt garniert servieren.

UNIFARBENE MÖHREN
Geschmacklich ist es natürlich genauso lecker, wenn Sie dieses Gericht ausschließlich mit handelsüblichen orangefarbenen Möhren zubereiten. Wenn es einmal ganz schnell gehen soll, können Sie auch alle drei Möhrenfarben gleichzeitig in einer Pfanne garen.

V

VEGAN-TIPP
Für eine vegane Variante einfach den Joghurtdip mit veganem Joghurt zubereiten und beim Couscous die Butter durch vegane Margarine ersetzen.

GEMÜSENUDELN MIT ERDNUSSCREME

Gemüsenudeln faszinieren mich – sie bieten eine tolle Alternative zu Teigwaren. Und sie sind schnell gemacht, also genau das Richtige für die After-Work-Küche. Anstelle der hier verwendeten Gemüsesorten können Sie ebenfalls Kohlrabi, Rote Bete, Pastinaken, Kürbis oder auch Äpfel zu Nudeln verarbeiten.

30 Minuten

FÜR 4 PERSONEN

Für die Creme:
150 g Erdnusskerne
150 g rotes Basilikum (ersatzweise grünes Basilikum)
2 Knoblauchzehen
50 g Parmesan
200 ml Olivenöl
Salz
frisch gemahlener Pfeffer

Für die Nudeln:
1 kleine Sellerieknolle
4 dicke violette Möhren
2 große Süßkartoffeln
3 Zucchini
50 g Butter
frisch geriebene Muskatnuss
Salz
frisch gemahlener Pfeffer

Außerdem:
Spiralschneider (auch Turning Slicer genannt; siehe Tipp)

1.
Für die Creme die Erdnüsse in einer Pfanne ohne Fett anrösten. Abkühlen lassen. Basilikumblätter abzupfen. Knoblauch schälen und grob schneiden. Parmesan fein reiben. Erdnüsse, Basilikum, Knoblauch, Parmesan und Öl im Standmixer oder mit dem Blitzhacker pürieren, mit Salz und Pfeffer abschmecken.

2.
Für die Nudeln Sellerie, Möhren und Süßkartoffeln schälen und ebenso wie die Zucchini nacheinander auf dem Spiralschneider in lange, spaghettiähnliche Streifen schneiden.

3.
Die Butter in einer großen Pfanne erhitzen und die Gemüsenudeln von Sellerie, Möhren und Süßkartoffeln bei mittlerer Hitze kurz darin anschwitzen. Mit Muskat, Salz und Pfeffer würzen und noch 10 Minuten knackig garen, dabei nach 6 Minuten die Zucchininudeln hinzufügen. Dann mit der Erdnusscreme gut mischen.

4.
Die Gemüsenudeln mit einer großen Gabel aufdrehen, auf Teller verteilen und servieren.

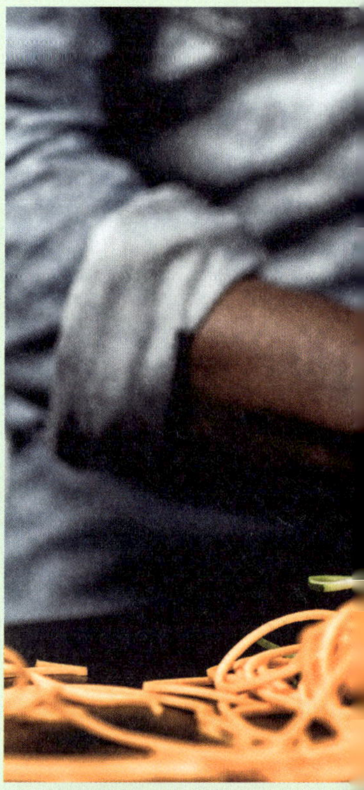

IDEAL FÜR GEMÜSENUDELN
Aktuell werden im Fachhandel verschiedene Modelle von Spiralschneidern ab etwa 15 Euro angeboten. Wer keinen Spiralschneider besitzt, kann auch mit einem Sparschäler oder auf dem Gemüsehobel längs sehr dünne Scheiben abhobeln und diese anschließend in feine Streifen schneiden.

FARFALLE MIT BUNTEN TOMATEN UND BOHNEN

Bunt tut gut: zum einen die mehrfarbigen Bohnen, zum anderen die Tomaten. Denn: Tomaten sind nicht immer rot – sondern auch mal grün, gelb oder schwarz. Diese Sortenvielfalt gibt es im Supermarkt und auf Wochenmärkten inzwischen immer öfter zu kaufen.

30 Minuten

FÜR 4 PERSONEN

300 g vorgegarte gemischte Bohnenkerne (siehe Tipp)
1 mittelgroße Zwiebel
2 Knoblauchzehen
¼ Bund Bohnenkraut
2 EL Olivenöl
1 Prise Zucker
50 ml Weißwein
100 g Sahne
frisch geriebene Muskatnuss
Salz
frisch gemahlener Pfeffer
200 g Farfalle
2 grüne Tomaten
2 gelbe Tomaten
2 rote Tomaten
2 schwarze Tomaten
frisch geriebener Parmesan

1.
Die Bohnenkerne in ein Sieb abgießen, abspülen und abtropfen lassen. Zwiebel und Knoblauch schälen und fein würfeln. Die Bohnenkrautblätter abzupfen und fein schneiden.

2.
Das Olivenöl in einer Pfanne erhitzen und die Zwiebelwürfel darin glasig anschwitzen. Den Knoblauch dazugeben und kurz mitschwitzen. Alles mit Zucker bestreuen und leicht karamellisieren. Mit dem Weißwein ablöschen und die Flüssigkeit auf die Hälfte der Menge einkochen lassen. Die Sahne angießen und das Bohnenkraut einrühren. Alles mit Muskat, Salz und Pfeffer abschmecken. Die Bohnenkerne unterheben und bei schwacher Hitze etwa 5 Minuten köcheln lassen.

3.
Inzwischen die Farfalle in kochendem Salzwasser nach Packungsangabe bissfest garen. Die Tomaten nach Belieben enthäuten: Dafür auf der Unterseite kreuzweise einritzen und mit kochendem Wasser überbrühen. Nach 1 Minute herausheben und kalt abschrecken. Die Haut abziehen, Tomaten halbieren, entkernen und ohne Stielansatz würfeln. Alternativ die Tomaten mit Schale würfeln.

4.
Die Nudeln abgießen. Das Bohnenragout nochmals aufkochen, Tomatenwürfel und Nudeln dazugeben und kurz erhitzen. Auf Teller verteilen und alles mit Parmesan bestreut servieren.

BUNTE BÖHNCHEN
Entweder mischen Sie die Bohnenkerne selbst nach Lust und Laune und garen diese vor. Das lässt sich am Vortag prima vorbereiten, muss nur eben geplant sein. Für die spontane After-Work-Küche sind aber auch vorgegarte Bohnen aus der Dose erlaubt. Mischungen aus zwei und mehr Bohnensorten gibt es inzwischen sogar in Bio-Qualität zu kaufen.

V

VEGAN-TIPP
Diese Sauce schmeckt mit Sojasahne genauso gut. Achten Sie beim Wein darauf, dass er vegan ist.

ASIATISCHE NUDELPFANNE MIT WAKAME, SHIITAKE UND PAK CHOI

Bei diesem Rezept habe ich tief in die asiatische Trickkiste gegriffen. Denn ein Gang durch den Asialaden ist für mich immer äußerst inspirierend. Man muss sich nur trauen, die häufig unbekannten Zutaten wie Nashi-Birnen oder Wakame-Algen einfach einmal auszuprobieren.

30 Minuten

FÜR 4 PERSONEN

Für die Nudeln:

150 g Wakame-Algensalat (TK-Ware; aus dem Asialaden)
1 Bio-Salatgurke
2 Nashi-Birnen (siehe Tipp)
100 g Shiitake-Pilze
8 Mini-Pak-Choi
2 rote Zwiebeln
400 g Soba-Nudeln (aus dem Asialaden)
Salz
4 EL geröstetes Sesamöl
1 Handvoll geröstete Wasabi-Erdnusskerne

Für die Sauce:

5 EL Sesamöl
100 ml Gemüsebrühe
3 EL Ketjap Manis (indones. süße Sojasauce)
1 EL Sweet Chili Sauce
1 EL Austernsauce
1 TL Speisestärke

1.

Für die Nudeln den Algensalat auftauen lassen. Die Gurke längs halbieren und entkernen, die Birnen vierteln und entkernen, beides in lange, dünne Streifen schneiden. Die Pilze putzen, vierteln und harte Stiele entfernen. Die Pak-Choi-Köpfe längs halbieren. Die Zwiebeln schälen und fein würfeln.

2.

Für die Sauce Sesamöl, Brühe, Ketjap Manis, Sweet Chili Sauce und Austernsauce aufkochen. Die Speisestärke mit wenig kaltem Wasser glatt rühren und die Sauce damit binden.

3.

Die Nudeln in Salzwasser nach Packungsangabe bissfest garen. Inzwischen 2 EL Öl in einer Pfanne erhitzen und die Zwiebeln darin bei mittlerer Hitze glasig anschwitzen. Pak Choi dazugeben und kurz mitbraten. Mit etwas Sauce ablöschen und etwa 5 Minuten bissfest garen.

4.

Das restliche Öl in einer zweiten Pfanne erhitzen, Gurke, Birnen und Pilze darin anschwitzen und mit der restlichen Sauce ablöschen. Die Nudeln abgießen, kalt abschrecken und etwas abtropfen lassen. Mit dem Pak Choi zum restlichen Gemüse in die Pfanne geben. Den Wakame-Algensalat untermischen, alles nochmals erhitzen und gut durchschwenken.

5.

Nudeln und Gemüse auf tiefe Teller verteilen und mit gehackten Wasabi-Erdnüssen bestreut servieren.

ASIATISCHE VERWANDTE

Die rundlichen Nashis mit ihrer dünnen, meist hellgelben Schale sind enge Verwandte der Birne. Ihr helles Fruchtfleisch ist sehr knackig und saftig. Nashi bedeutet auf Japanisch einfach »Birne«, weshalb sie bei uns auch als »Japanische Birne« oder »Asiatische Birne« bekannt ist. Ersatzweise können Sie für dieses Rezept natürlich auch unsere herkömmlichen Birnen verwenden.

V

VEGAN-TIPP

Wer diese Nudelpfanne vegan genießen möchte, lässt bei der Sauce einfach die Austernsauce weg.

LINSEN MIT SPÄTZLE

Linsen liefern viele gute Inhaltsstoffe, da möchte ich auch in meiner After-Work-Küche nicht darauf verzichten. Weil es hier aber schnell und unkompliziert zugehen soll, kommen vorgegarte Linsen aus der Dose zum Einsatz. Doch das sollte Sie natürlich nicht davon abhalten, das Gericht auch mal mit frisch gekochten Linsen auszuprobieren (siehe Tipp).

35 Minuten

FÜR 4 PERSONEN

Für die Spätzle:
500 g Mehl
5 Eier
frisch geriebene Muskatnuss
Salz
frisch gemahlener weißer Pfeffer
220 ml Mineralwasser
Butter zum Durchschwenken

Für die Linsen:
1 Bund Suppengemüse (Lauch, Möhre, Sellerie)
1 große Zwiebel
1 große Kartoffel
2 EL Butter
1 Prise Zucker
2 EL Tomatenmark
1 Dose grüne Linsen (ca. 425 g)
1 Lorbeerblatt
500 ml kräftige Gemüsebrühe
Salz
frisch gemahlener Pfeffer
3–4 EL Rotweinessig (nach Belieben)
4 EL fein gehackte Petersilie

Außerdem:
Spätzlepresse oder -hobel

1.

Für die Spätzle das Mehl in eine Schüssel sieben und die Eier hineinschlagen. Mit Muskat, 1 TL Salz und Pfeffer würzen. Mineralwasser dazugeben und alles miteinander verschlagen, bis der Teig Blasen wirft. Beiseitestellen und ruhen lassen.

2.

Inzwischen für die Linsen das Suppengemüse bei Bedarf schälen und in 1 cm große Würfel schneiden. Zwiebel und Kartoffel schälen und ebenfalls fein würfeln. Butter in einer Schmorpfanne erhitzen und die Zwiebel darin bei mittlerer Hitze glasig anschwitzen. Gemüse und Kartoffeln dazugeben und 2–3 Minuten mitschwitzen.

3.

Den Zucker einstreuen und leicht karamellisieren. Das Tomatenmark einrühren und kurz mitschwitzen. Die Linsen in einem Sieb abtropfen lassen und mit dem Lorbeer dazugeben. Mit Brühe auffüllen, mit Salz und Pfeffer würzen und etwa 10 Minuten köcheln lassen, bis die Kartoffeln weich sind.

4.

Inzwischen reichlich Salzwasser aufkochen. Den Backofen auf 50 °C Umluft vorheizen. Den Spätzleteig mit der Presse oder dem Hobel portionsweise ins kochende Wasser geben. Sobald die Spätzle nach oben steigen, mit einem Schaumlöffel herausheben, abtropfen lassen und kalt abspülen. Die Spätzle in einer Schüssel mit etwas Wasser besprenkeln und im Ofen zugedeckt warm halten, bis der Teig vollständig verarbeitet ist.

5.

Die Linsen nach Belieben mit Essig, Salz und Pfeffer abschmecken. Lorbeer entfernen. Etwas Butter in einer Pfanne zerlassen und die Spätzle darin kurz durchschwenken. Auf tiefe Teller verteilen, die Linsen darübergeben und mit Petersilie bestreut servieren.

LINSEN GAREN

Grüne Linsen mit einem Durchmesser von 6–7 mm sind auch als Tellerlinsen bekannt. Sie haben den perfekten Garpunkt, wenn sie außen noch intakt, im Kern allerdings schon schön weich sind. Aufgrund ihrer Größe sollten Sie getrocknete Tellerlinsen am Vorabend einweichen. Auch dann beträgt ihre Garzeit noch bis zu 1 Stunde. Kleinere Linsensorten, zum Beispiel rote Linsen oder Beluga-Linsen, müssen nicht vorher eingeweicht werden und haben eine Kochzeit von lediglich 20 Minuten.

GRAUPENRISOTTO MIT STECKRÜBEN

Nachdem die Graupen in den vergangenen Jahrzehnten kulinarisch fast in Vergessenheit geraten waren, erleben sie seit geraumer Zeit ein wahres Revival, das auch vor Sterneköchen nicht haltmacht. Völlig zu Recht, denn die polierten Gersten- oder Weizenkörner schmecken anstelle von Reis, zum Beispiel als Risotto, wirklich klasse!

45 Minuten

FÜR 4 PERSONEN

400 g Steckrüben
3 Schalotten
50 g Butter
frisch geriebene Muskatnuss
Salz
frisch gemahlener Pfeffer
400 g Graupen
50 ml Weißwein
1 Lorbeerblatt
1,2 l heiße Gemüsebrühe
2 EL feine Möhrenwürfel
2 EL feine Knollenselleriewürfel
2 EL feine Lauchwürfel
100 g Parmesan
50 g Sahne
3 EL feine Schnittlauchröllchen

1.

Steckrüben und Schalotten schälen. Die Steckrüben in mundgerechte Stücke schneiden, Schalotten fein würfeln. 2 EL Butter in einem Topf erhitzen, Steckrüben und die Hälfte der Schalotten darin bei mittlerer Hitze anschwitzen. Mit Muskat, Salz und Pfeffer würzen und alles bei schwacher Hitze noch 15–20 Minuten garen.

2.

Die restliche Butter in einem zweiten Topf erhitzen und die übrigen Schalottenwürfel darin bei mittlerer Hitze glasig anschwitzen. Die Graupen dazugeben und kurz mit anschwitzen. Mit Weißwein ablöschen und die Graupen salzen und pfeffern, den Lorbeer dazugeben und alles mit 2–3 Kellen heißer Brühe auffüllen.

3.

Die Graupen köcheln lassen, dabei regelmäßig umrühren. Sobald die Flüssigkeit fast vollständig aufgesogen ist, wieder 1–2 Kellen Brühe dazugießen. Diesen Vorgang wiederholen, bis die Graupen gar, aber noch bissfest sind. Das dauert etwa 30 Minuten, dabei etwa 5 Minuten vor Garzeitende die Gemüsewürfel mitgaren.

4.

Den Parmesan reiben, die Sahne steif schlagen. Steckrüben, Parmesan und 2 EL Schnittlauchröllchen unter das Risotto rühren und die Sahne unterheben. Mit Salz und Pfeffer nochmals abschmecken.

5.

Den Risotto auf tiefe Teller verteilen und mit dem restlichen Schnittlauch bestreut servieren.

WINTERGEMÜSE PUR

Die Haupterntezeit von Steckrüben ist im Oktober und November. Da sie sehr gut lagerfähig sind, gibt es sie den gesamten Winter über bei uns auf dem Markt oder beim Gemüsehändler zu kaufen. Man kann sie auch roh geraspelt als Salat servieren. Ganz klassisch sind sie Bestandteil von Eintöpfen aller Art.

CHAI-MILCHREIS MIT GEWÜRZÄPFELN

Durch die Aromen des Chai-Tees und der Gewürzäpfel verleihe ich diesem Klassiker süßer deutscher Hausmannskost ganz nebenbei eine exotische Note. Damit passt das Gericht perfekt in den Winter – denn wann schmeckt so ein wärmender Milchreis besser?

45 Minuten

FÜR 4 PERSONEN

Für den Reis:
1 l Milch
2 Beutel Chai-Tee
3 EL Zucker
250 g Milchreis
Salz
3 EL Haselnusskrokant (nach Belieben; siehe Tipp)

Für die Äpfel:
2 Äpfel (Sorte Cox Orange)
100 g Zucker
1 Zimtstange
¼ Vanilleschote
2 Sternanis
50 ml Weißwein
2 cl Calvados

1.

Für den Reis die Milch in einem großen Topf aufkochen. Den Topf vom Herd nehmen und die Teebeutel in der Milch zugedeckt 8–10 Minuten (Beutelangabe beachten!) ziehen lassen. Dann die Teebeutel wieder entfernen.

2.

Den Zucker gleichmäßig in die Milch streuen (nicht rühren). Die gewürzte Milch erneut aufkochen. Den Milchreis dazugeben und einmal durchrühren, leicht salzen und aufkochen. Die Temperatur reduzieren und den Milchreis bei schwacher Hitze etwa 30 Minuten ausquellen lassen, dabei immer wieder umrühren.

3.

Inzwischen die Äpfel schälen, vierteln, entkernen und in Stücke schneiden. Den Zucker in einer Pfanne bei mittlerer Hitze karamellisieren. Die Apfelstücke dazugeben und Zimt, Vanille und Sternanis hinzufügen. Mit Weißwein und Calvados ablöschen. Die Äpfel bei mittlerer Hitze garen, bis sie zusammenfallen und leicht musig werden. Dann Zimt, Vanille und Sternanis wieder entfernen.

4.

Den Chai-Milchreis in Schüsseln oder tiefe Teller geben, die Gewürzäpfel darauf verteilen und alles nach Belieben mit Krokant bestreut servieren.

HASELNUSSKROKANT

Dafür 50 g Zucker in einer Pfanne bei mittlerer Hitze leicht karamellisieren. 1 TL Butter einrühren. 50 g gehackte Haselnusskerne dazugeben und mit einem Holzlöffel rühren, bis alle Nussstücke vom Zucker überzogen sind. Die Masse auf einem Bogen Backpapier ausstreichen und vollständig abkühlen lassen. Den Krokant erst grob zerbrechen und dann im Blitzhacker noch feiner zerkleinern.

V

VEGAN-TIPP

Auch mit Milchalternative schmeckt dieser Milchreis wunderbar. Probieren Sie aus, was Ihnen am besten schmeckt – Haferdrink, Mandeldrink … Bei den Äpfeln darauf achten, dass der Weißwein vegan ist.

GENIESSEN & FEIERN

Gerichte für das Dinner mit Freunden

RADIESCHENBLÄTTERSUPPE MIT CROÛTONS

Bei Gemüse fallen nicht nur in meiner Küche oft jede Menge Schalen und ungenutzte Bestandteile an. Aber wir sollten eigentlich versuchen, alle Lebensmittel möglichst komplett zu verarbeiten. Wer Radieschen liebt, wird daher die Radieschenblättersuppe vielleicht ab sofort häufiger kochen!

30 Minuten

FÜR 4–6 PERSONEN

2 Schalotten
Blätter von 3 Bund Radieschen
8 Radieschen
1 Scheibe Toastbrot
4 EL Olivenöl
Salz
1 l Gemüsebrühe
100 g kalte Butter
50 g Sahne (nach Belieben)
½ TL Wasabi-Paste (nach Belieben)
frisch gemahlener Pfeffer

1.
Die Schalotten schälen und in feine Streifen schneiden. Die Radieschenblätter verlesen und kurz in kochendem Wasser blanchieren. In ein Sieb abgießen, sofort kalt abschrecken, abtropfen lassen und klein schneiden.

2.
Die Radieschen ohne Stiel- und Wurzelansatz in feine Stifte schneiden. Das Toastbrot entrinden und in kleine Würfel schneiden. 2 EL Olivenöl in einer Pfanne erhitzen und die Brotwürfel darin bei mittlerer bis starker Hitze goldbraun braten. Herausnehmen, auf Küchenpapier abtropfen lassen und mit Salz leicht würzen.

3.
Das restliche Öl in einem Topf erhitzen und die Schalotten darin bei mittlerer Hitze glasig anschwitzen. Die Radieschenblätter dazugeben und kurz mitschwitzen. Mit 1 Schuss Gemüsebrühe ablöschen und die Flüssigkeit fast vollständig verkochen lassen. Die restliche Brühe dazugießen und alles einmal aufkochen.

4.
Die kalte Butter in kleine Würfel schneiden. Nach Belieben die Sahne zur Suppe geben und die Suppe mit dem Stabmixer fein pürieren. Die Butterwürfel unterrühren und die Suppe damit binden. Nach Belieben mit Wasabi-Paste, Salz und Pfeffer leicht scharf abschmecken.

5.
Die Suppe auf tiefe Teller oder Schalen verteilen und mit Croûtons und Radieschenstiften bestreut servieren.

BEILAGENTIPP
Zu diesem Rezept passen die Feta-Böreks von Seite 54 gut. Übrige Radieschen können Sie zu einem Salat verarbeiten (siehe Seite 19).

LINSEN-TOMATEN-SUPPE MIT GEFÜLLTEN PEPERONCINI

Diese Suppe hat einen echten Schärfekick, der durch die gefüllten Peperoni noch einmal unterstrichen wird. Wer nicht so gerne scharf isst, kann den Chilischotenanteil selbstverständlich nach Belieben reduzieren. Eine ganz besondere Würze bekommt die Suppe, wenn Sie sie zusätzlich mit geräuchertem Paprikapulver verfeinern. Dieses Gewürz ist auch bei uns seit einiger Zeit auf dem Vormarsch in die Küchen und deswegen – zum Glück, wie ich finde – inzwischen in jedem besser sortierten Gewürzregal zu finden.

40 Minuten

FÜR 4 PERSONEN

Für die Suppe:
1 rote Chilischote
2 rote Zwiebeln
1 Knoblauchzehe
3 EL Olivenöl
½ TL Ras el-Hanout
1 Prise Zucker
200 g rote Linsen
1–2 TL Ajvar (je nach Schärfe und Belieben)
500 ml Gemüsebrühe
8 Tomaten
1 Bund Koriandergrün
200 g Babyspinat
Salz
frisch gemahlener Pfeffer

Für die Peperoncini:
80 g Fetakäse
1 TL Sahne
5–6 grüne Oliven (entsteint)
8 eingelegte Peperoncini

1.
Für die Suppe die Chilischote halbieren, entkernen und in feine Streifen schneiden. Zwiebeln und Knoblauch schälen und sehr fein würfeln. Das Öl in einem Topf erhitzen und Chili, Zwiebel- und Knoblauchwürfel darin bei mittlerer Hitze glasig anschwitzen. Ras el-Hanout dazugeben und kurz mitschwitzen. Den Zucker darüberstreuen und leicht karamellisieren.

2.
Die Linsen kalt abspülen, abtropfen lassen und mit in den Topf geben. Ajvar unterrühren, Brühe angießen und alles zugedeckt bei mittlerer Hitze 15–20 Minuten garen.

3.
Inzwischen für die Peperoncini den Fetakäse mit einer Gabel zerdrücken und die Sahne untermischen. Die Oliven fein hacken und mit dem Feta verrühren. Die Peperoncini abtropfen lassen und den Stielansatz jeweils entfernen. Die Schoten aushöhlen und mit der Käsemasse füllen.

4.
Die Tomaten nach Belieben häuten: Dazu die Haut an der Unterseite kreuzförmig einritzen. In einer Schüssel mit kochend heißem Wasser übergießen, nach 1 Minute kalt abschrecken und die Haut abziehen. Die Tomaten vierteln, entkernen und in feine Würfel schneiden. Alternativ die Tomaten mit Schale fein würfeln. Die Korianderblätter abzupfen und fein hacken.

5.
Den Spinat verlesen und ohne Stiele in grobe Streifen schneiden. Einige Spinatstreifen und Tomatenwürfel für die Garnitur beiseitelegen, den Rest unter die Suppe heben. Mit Salz und Pfeffer abschmecken.

6.
Die Suppe auf Schalen oder tiefe Teller verteilen, mit den beiseitegelegten Spinatstreifen und Tomatenwürfeln bestreuen und alles mit Koriandergrün garniert servieren. Die gefüllten Peperoncini dazu reichen.

VEGAN-TIPP

Veganer können die Linsen-Tomaten-Suppe ohne schlechtes Gewissen genießen. Auch ohne die gefüllten Peperoncini ist sie eine ausgewogene, vollständige Mahlzeit.

ARTISCHOCKEN-TEMPURA MIT WILDREIS UND VANILLE-PAPRIKA-SAUCE

Mit diesem Rezept serviere ich Ihnen ein Gericht zum Sattwerden. Sie können aber auch nur die Artischocken zubereiten – sie schmecken genauso gut ohne Sauce und Wildreis. Und: Sie machen sich super auf einem Buffet oder als Fingerfood.

1 Stunde

FÜR 4 PERSONEN

Für den Reis:
1 rote Paprikaschote
1 gelbe Paprikaschote
1 orangefarbene Paprikaschote
2 Schalotten
2–3 EL Olivenöl
300 g Wildreismischung
1 Lorbeerblatt
Salz
frisch gemahlener Pfeffer
400 ml Gemüsebrühe
200 ml Tomatensaft

Für die Sauce:
2 rote Paprikaschoten
3 Schalotten
1 Vanilleschote
50 g Butter
50 ml Weißwein
250 ml Gemüsebrühe
250 g Sahne
Saft von 1 Limette
½ TL Pimentón de la Vera (geräuchertes Paprikapulver)
Salz
frisch gemahlener Pfeffer

Für die Artischocken:
16 vorgegarte Artischockenböden (aus Glas oder Dose)
1 l Pflanzenöl
100 g Mehl, plus etwas mehr zum Wenden
1 Ei (Größe S)
Salz

1.

Für den Reis die Paprikaschoten halbieren, entkernen und ohne Stielansatz fein würfeln. Die Schalotten schälen und in feine Würfel schneiden. Das Olivenöl in einem Topf erhitzen und die Schalottenwürfel darin bei mittlerer Hitze glasig anschwitzen. Die Paprikawürfel dazugeben und ebenfalls anschwitzen. Wildreis und Lorbeer hinzufügen und mit Salz und Pfeffer würzen. Mit Gemüsebrühe und Tomatensaft ablöschen, alles einmal aufkochen und bei schwacher Hitze 20 Minuten ziehen lassen.

2.

Währenddessen für die Sauce die Paprikaschoten halbieren, entkernen

und ohne Stielansatz in Streifen schneiden. Die Schalotten schälen und ebenfalls in Streifen schneiden. Die Vanilleschote längs halbieren und das Mark herauskratzen.

3.

Die Butter in einem Topf erhitzen und die Schalottenstreifen darin bei mittlerer Hitze glasig anschwitzen. Die Paprikastreifen dazugeben und ebenfalls anschwitzen. Mit Weißwein und Gemüsebrühe ablöschen. Vanilleschote und -mark dazugeben. Die Flüssigkeit auf die Hälfte einkochen lassen. Dann die Sahne dazugießen und das Gemüse noch etwa 15 Minuten weich garen.

4.

Inzwischen die Artischockenböden mit Küchenpapier sehr sorgfältig trocken tupfen. Das Öl in einem Topf oder in der Fritteuse auf 170 °C erhitzen – es ist heiß genug, wenn an einem hineingehaltenen Holzlöffelstiel Blasen aufsteigen.

5.

Mehl, Ei, 1 Prise Salz und 160 ml Eiswasser zu einem glatten Teig verrühren. Die Artischocken nacheinander in etwas Mehl wenden, durch den Teig ziehen und im heißen Öl portionsweise etwa 5 Minuten knusprig und goldbraun ausbacken. Herausnehmen und auf Küchenpapier gründlich abtropfen lassen.

6.

Die Vanilleschote aus dem Paprikagemüse entfernen und alles mit dem Stabmixer fein pürieren. Die Sauce mit Limettensaft, Räucherpaprikapulver, Salz und Pfeffer abschmecken.

7.

Zum Servieren den Wildreis auf Teller verteilen. Die Vanille-Paprika-Sauce darüberträufeln und die frittierten Artischocken darauf anrichten.

DICKE BOHNEN MIT KARTOFFEL-QUARK-PLÄTZCHEN UND THYMIANRAHM

Dicke Bohnen, auch Ackerbohnen oder Saubohnen genannt, sind ein völlig unterschätztes Gemüse. Dabei haben sie geschmacklich richtig was zu bieten und liefern außerdem reichlich Ballaststoffe, Mineralstoffe und Eiweiß.

45 Minuten

FÜR 4 PERSONEN

Für die Plätzchen:
500g mehligkochende Kartoffeln
Salz
1 Bund glatte Petersilie
250g Speisequark
100g Mehl
1 Ei
frisch geriebene Muskatnuss
frisch gemahlener Pfeffer
Pflanzenöl zum Braten

Für die Bohnen:
400g Dicke Bohnenkerne (siehe Tipp)
Salz
100g Möhre
100g Knollensellerie
100g Lauch (vom weißen Teil)
1 Zweig Thymian
1 EL Butter
200g Sahne
frisch geriebene Muskatnuss
frisch gemahlener Pfeffer

Außerdem:
Kartoffelpresse

1.
Für die Plätzchen die Kartoffeln mit Schale in Salzwasser etwa 20 Minuten weich kochen.

2.
Inzwischen für die Bohnen die Bohnenkerne in kochendem Salzwasser 3 Minuten blanchieren. In ein Sieb abgießen, kalt abschrecken und abtropfen lassen. Dann die Kerne aus den Häutchen drücken.

3.
Möhre und Sellerie schälen und in kleine Würfel schneiden. Den Lauch ebenfalls in feine Stücke schneiden. Die Thymianblättchen abzupfen und fein hacken.

4.
Die Butter in einem Topf erhitzen und das Gemüse darin bei mittlerer Hitze 2–3 Minuten anschwitzen. Die Bohnen dazugeben und die Sahne angießen, alles aufkochen und die Flüssigkeit auf die Hälfte einkochen lassen. Mit Thymian, Muskat, Salz und Pfeffer würzen, warm halten.

5.
Die Kartoffeln abgießen und kurz ausdampfen lassen. Noch heiß pellen und durch die Kartoffelpresse drücken oder fein zerstampfen. Die Petersilienblätter abzupfen, fein schneiden und mit Quark, Mehl und Ei zur Kartoffelmasse geben. Alles gründlich verkneten und mit Muskat, Salz und Pfeffer abschmecken.

6.
Die Masse zu einer Rolle (4 cm Ø) formen und diese in 2 cm breite Scheiben schneiden. Den Boden einer Pfanne mit Öl gerade bedecken, das Öl erhitzen und die Plätzchen darin bei mittlerer bis starker Hitze portionsweise von beiden Seiten goldgelb braten. Herausnehmen und auf Küchenpapier abtropfen lassen.

7.
Die Dicken Bohnen auf Teller verteilen, die Kartoffel-Quark-Plätzchen dazusetzen und alles mit dem übrigen Thymianrahm von den Bohnen beträufelt servieren.

FRISCH ODER TIEFGEKÜHLT
400g Dicke Bohnenkerne entsprechen etwa 1½ kg Dicken Bohnen mit Schoten. Leider haben sie frisch nur von Mai bis August Saison, aber zum Glück gibt es sie tiefgekühlt das ganze Jahr hinweg zu kaufen.

GRÜNKERNBRATLINGE MIT VANILLEMÖHREN

Grünkern ist halbreif geernteter Dinkel, der nach der Ernte getrocknet wird. Ich finde ihn wunderbar würzig im Geschmack und verwende ihn nicht nur für Bratlinge – er passt auch super in deftige Suppen oder einfach als Beilage zu Gemüse. Am besten gleich geschrotet verwenden.

50 Minuten

FÜR 4 PERSONEN

Für die Bratlinge:
360 ml Gemüsebrühe
200 g mittelgrobes Grünkernschrot
2 Schalotten
2 Knoblauchzehen
4 Stängel Majoran
4 Stängel glatte Petersilie
½ Bund Schnittlauch
2 EL Butter
4 Eier
160 g geriebener Bergkäse
½ TL Kreuzkümmel
1 Msp. Piment d'Espelette (ersatzweise Cayennepfeffer)
frisch geriebene Muskatnuss
Salz, frisch gemahlener Pfeffer
100 g Weißbrotbrösel
50–100 ml Pflanzenöl

Für die Möhren:
800 g Möhren
2 Schalotten
1 Vanilleschote
1 Romanasalatherz
80 g Butter
1 Prise Zucker
Salz, frisch gemahlener Pfeffer
1 Schuss Orangensaft

1.
Für die Bratlinge die Gemüsebrühe aufkochen und das Grünkernschrot dazugeben. Bei schwacher Hitze unter gelegentlichem Rühren 20–25 Minuten garen. Inzwischen Schalotten und Knoblauch schälen und fein würfeln. Majoran- und Petersilienblätter abzupfen und fein hacken. Den Schnittlauch in feine Röllchen schneiden.

2.
Die Butter in einer Pfanne erhitzen und die Schalottenwürfel darin bei mittlerer Hitze glasig anschwitzen. Den Knoblauch dazugeben und kurz mitschwitzen. Abkühlen lassen.

3.
Für die Vanillemöhren die Möhren schälen und in Scheiben schneiden. Die Schalotten schälen und fein würfeln. Die Vanilleschote längs einritzen und das Mark herauskratzen. Den Salat in feine Streifen schneiden.

4.
Den gequollenen Grünkern bei Bedarf in einem Sieb abtropfen lassen. Dann Grünkern mit Schalotten, Knoblauch, Majoran, Petersilie, Eiern, Käse, Kreuzkümmel und Piment mischen und die Masse gut durchkneten (siehe Tipp). Mit Muskat, Salz und Pfeffer würzig abschmecken. Die Masse zu etwa golfballgroßen Kugeln formen, etwas flach drücken und in den Bröseln wälzen.

5.
Für die Möhren die Butter in einer Pfanne erhitzen und die Schalotten darin bei mittlerer Hitze glasig anschwitzen. Den Zucker einstreuen und leicht karamellisieren. Möhren, Vanilleschote und -mark dazugeben. Mit Salz und Pfeffer abschmecken. Mit Orangensaft ablöschen und zugedeckt 8–10 Minuten bissfest garen.

6.
Inzwischen das Öl in einer Pfanne erhitzen und die Bratlinge darin bei mittlerer bis starker Hitze von beiden Seiten je etwa 4 Minuten knusprig braten. Herausnehmen und auf Küchenpapier abtropfen lassen. Die Möhren nochmals abschmecken, dann die Salatstreifen unterheben. Grünkernbratlinge und Vanillemöhren auf Teller verteilen und servieren.

SCHÖN KOMPAKT

Falls die Grünkernmasse nicht fest genug ist, können Sie noch ein paar Esslöffel Weißbrotbrösel dazugeben.

PFIFFERLINGSCHMARREN MIT SCHWARZWURZELN

Das weißliche Fleisch der Schwarzwurzeln schmeckt zartwürzig bis nussig. Sie sind ein echtes Wintergemüse, ihre Saison reicht nämlich nur von Oktober bis April. Im Frühjahr und Frühsommer verwende ich stattdessen Spargel für dieses Gericht. Anstelle von Pfifferlingen schmeckt der Schmarren dann übrigens auch mit Champignons.

30 Minuten + 15 Minuten Backzeit

FÜR 4 PERSONEN

Für die Schwarzwurzeln:
600 g Schwarzwurzeln
Saft von 1 Zitrone
2 Schalotten
4 Stängel Petersilie
2 EL Butter
frisch geriebene Muskatnuss
Salz
frisch gemahlener Pfeffer
300 g Sahne
Saft von 1 Limette

Für den Schmarren:
300 g kleine Pfifferlinge
6 Eier
Salz
180 g Mehl
1 Bund Schnittlauch
200 g saure Sahne
frisch geriebene Muskatnuss
frisch gemahlener Pfeffer
2 EL Butter

1.
Die Schwarzwurzeln schälen. Eine Schüssel mit Wasser füllen, den Zitronensaft dazugeben und die Schwarzwurzeln hineinlegen, damit sie nicht oxidieren und sich bräunlich verfärben. Die Schalotten schälen und fein würfeln. Die Petersilienblätter abzupfen und fein hacken.

2.
Die Butter in einem Topf erhitzen und die Schalottenwürfel darin bei mittlerer Hitze glasig anschwitzen. Die Schwarzwurzeln abtropfen lassen und in 5 mm breite Scheiben schneiden. Zu den Schalotten geben und mit Muskat, Salz und Pfeffer würzen. Mit der Sahne auffüllen und die Schwarzwurzeln bei mittlerer Hitze etwa 15 Minuten langsam garen.

3.
Inzwischen für den Schmarren die Pfifferlinge putzen und, falls nötig, mit Küchenpapier vorsichtig trocken abreiben. Die Eier trennen. Die Eiweiße und 1 Prise Salz mit den Quirlen des Handrührgeräts zu steifem Schnee schlagen. Das Mehl sieben, den Schnittlauch in feine Röllchen schneiden. Den Backofen auf 180 °C Umluft vorheizen.

4.
Eigelbe und saure Sahne glatt rühren. Mit Muskat, Salz und Pfeffer würzen. Das Mehl unterrühren und den Eischnee sowie die Hälfte der Schnittlauchröllchen unterheben.

5.
Die Butter in einer ofenfesten Pfanne erhitzen und die Pilze darin bei starker Hitze goldbraun braten. Den Teig über die Pilze verteilen und alles bei mittlerer Hitze 4 Minuten braten. Dann die Pfanne in den Ofen stellen und den Schmarren im Ofen 10–15 Minuten fertig garen.

6.
Den Schmarren aus dem Ofen nehmen und kurz ruhen lassen. Inzwischen die Schwarzwurzeln nochmals mit Muskat, Salz und Pfeffer abschmecken. Mit Limettensaft und Petersilie verfeinern. Den Schmarren mit einer Gabel zerrupfen und mit den Schwarzwurzeln auf Teller verteilen. Mit dem restlichen Schnittlauch bestreut servieren.

TOPINAMBUR-PICCATA MIT CURRYSAUCE UND GRIESSKLÖSSCHEN

Der angenehm süßlich-nussige, an Artischocken erinnernde Geschmack der großen Topinambur-Knollen macht diese Piccata wirklich zu etwas ganz Besonderem. Topinambur ist in Bio-Supermärkten oder Asiamärkten gut erhältlich. Immer häufiger findet man sie auch in normalen, gut sortierten Supermärkten.

1 Stunde

FÜR 4 PERSONEN

Für die Klößchen:
85 g weiche Butter
2 Eier
150 g Hartweizengrieß
frisch geriebene Muskatnuss
Salz

Für die Sauce:
1 Schalotte
½ Banane
½ Apfel
50 g Butter
1 haselnussgroßes Stück Ingwer
3 EL mildes Currypulver
50 ml Weißwein
50 ml Ananassaft
200 ml Gemüsebrühe
100 ml Kokosmilch
200 g Sahne
Saft von 1 Limette
Salz
frisch gemahlener Pfeffer

Für die Piccata:
100 g Parmesan
2 Eier
Salz
frisch gemahlener Pfeffer
8 Knollen Topinambur
3–4 EL Olivenöl
2 EL Mehl
einige Korianderblättchen (nach Belieben)

1.
Für die Klößchen 65 g Butter mit den Quirlen des Handrührgeräts schaumig rühren. Eier, Grieß und 1 ½ EL Wasser nach und nach dazugeben und unterrühren. Mit Muskat und Salz würzen. Zugedeckt 30 Minuten ruhen lassen.

2.
Inzwischen für die Sauce die Schalotte schälen und fein würfeln. Banane und Apfel schälen, Apfel entkernen. Beides in kleine Würfel schneiden. Die Butter in einem kleinen Topf erhitzen und die Schalotte darin bei mittlerer Hitze glasig anschwitzen. Den Ingwer schälen und hineinreiben. Das Obst dazugeben, mit Currypulver bestäuben und kurz mitschwitzen.

TOPINAMBUR-IDEEN

Stechen Sie die Topinamburscheiben mit einem runden Ausstecher aus. Die Reste können Sie mit 100 g Sahne 10 Minuten weich garen, mit dem Mixer pürieren und mit Salz und Pfeffer abgeschmeckt als Püree dazu reichen.

3.

Mit Wein und Ananassaft ablöschen und die Gemüsebrühe dazugießen. Die Flüssigkeit etwas einkochen lassen. Kokosmilch und Sahne angießen, kurz aufkochen und bei schwacher Hitze 5 Minuten köcheln. Die Sauce mit dem Stabmixer pürieren (nach Belieben durch ein feines Sieb streichen). Mit Limettensaft, Salz und Pfeffer abschmecken. Warm halten.

4.

Für die Klößchen aus der Grießmasse Nocken abstechen und mit leicht angefeuchteten Händen zu Klößchen formen. In siedendem Salzwasser erst 10 Minuten köcheln, dann noch 5 Minuten ziehen lassen.

5.

Inzwischen für die Piccata den Parmesan fein reiben und mit den Eiern mischen. Mit Salz und Pfeffer ganz leicht würzen und quellen lassen. Den Topinambur schälen und in 3 mm dicke Scheiben schneiden. Die Scheiben in kochendem Salzwasser 4 Minuten blanchieren.

6.

Die fertigen Grießklößchen herausheben und abtropfen lassen. Die blanchierten Topinamburscheiben in ein Sieb abgießen, kalt abschrecken und auf Küchenpapier abtropfen lassen. Das Öl in einer Pfanne erhitzen. Die Topinamburscheiben im Mehl wenden, durch die Eier-Parmesan-Mischung ziehen und im nicht zu heißen Öl von beiden Seiten je 3 Minuten goldgelb ausbacken.

7.

Für die Klößchen die restliche Butter in einer Pfanne erhitzen und die Grießklößchen darin nochmals schwenken, bis sie heiß sind.

8.

Zum Servieren etwas Currysauce auf Teller verteilen, die Topinambur-Piccata und einige Grießklößchen daraufsetzen. Nach Belieben mit Koriander bestreuen, dann servieren.

GESCHMORTER RADICCHIO MIT POLENTA UND GRANATAPFEL

Es gibt ja viele Tipps und Tricks, wie man Granatapfelkerne angeblich am besten aus einem Granatapfel herausbekommt. Meiner Erfahrung nach funktioniert – ohne viel Sauerei und rote Flecken auf den Klamotten – eigentlich nur eine Methode: einfach unter Wasser arbeiten. So spritzt nichts durch die Gegend und alles bleibt schön sauber.

25 Minuten

FÜR 4 PERSONEN

Für den Radicchio:
4 Radicchio (Sorte Rosso di Treviso)
3 EL Olivenöl
1 EL Zucker
50 ml roter Portwein
100 ml Granatapfelsirup
1 Lorbeerblatt
½ Granatapfel
50 g kalte Butter
Salz, frisch gemahlener Pfeffer

Für die Polenta:
450 ml Gemüsebrühe
450 g Sahne
2 Zweige Rosmarin
1 Lorbeerblatt
300 g Instant-Polenta
Salz
frisch gemahlener Pfeffer
100 g Parmesan

1.
Die Radicchioköpfe längs halbieren und den Strunk entfernen. Das Olivenöl in einer Pfanne erhitzen und die Radicchiohälften darin bei mittlerer bis starker Hitze anbraten. Alles mit Zucker bestreuen und leicht karamellisieren. Mit Portwein und Granatapfelsirup ablöschen. Das Lorbeerblatt dazugeben und die Flüssigkeit leicht einkochen lassen.

2.
Inzwischen die Granatapfelhälfte in einer Schüssel mit Wasser auseinanderbrechen und die Kerne auslösen. Alles in ein Sieb abgießen und die Kerne abtropfen lassen.

3.
Für die Polenta Gemüsebrühe, Sahne, Rosmarin und Lorbeer in einem Topf aufkochen. Die Polenta einrühren, mit Salz und Pfeffer abschmecken und 5 Minuten ziehen lassen. Inzwischen den Parmesan reiben, unter die Polenta rühren und alles nochmals abschmecken. Die Rosmarinzweige und den Lorbeer entfernen.

4.
Die Granatapfelkerne zum Radicchio geben. Die Butter in Würfel schneiden und den reduzierten Fond damit leicht binden. Das Lorbeerblatt entfernen und alles mit Salz und Pfeffer abschmecken.

5.
Jeweils eine Portion Polenta auf Teller verteilen, den Radicchio dazulegen und alles mit Fond beträufelt servieren.

KOHLRABI MAL ANDERS

Die Füllung schlägt sich übrigens auch sehr gut als schnelles vegetarisches Gericht mit einer Portion Reis. In diesem Fall die geschälten Kohlrabi komplett in kleine Würfel schneiden und die Hälfte in der Sahne garen. Falls Flüssigkeit fehlt, etwas Gemüsebrühe angießen. Den restlichen Kohlrabi mit dem Gemüse braten.

GEFÜLLTER KOHLRABI MIT PFIFFERLINGRAGOUT

Pfifferlinge – und natürlich auch Steinpilze – liefern den absolut besten und intensivsten Pilzgeschmack. Ich mag die Kohlrabi aber auch mal gern mit Champignons oder Shiitake-Pilzen in der Füllung.

45 Minuten

FÜR 4 PERSONEN

4 Kohlrabi (à ca. 350 g)
2 Schalotten
7 EL Butter
200 g Sahne
frisch geriebene Muskatnuss
Salz
frisch gemahlener Pfeffer
400 g Pfifferlinge (ersatzweise Champignons oder Shiitake-Pilze)
100 g Kartoffeln
2 Möhren
200 g Blumenkohl
2 Frühlingszwiebeln
1 Bund Schnittlauch
1 Spritzer Limettensaft

Außerdem:
Kugelausstecher (siehe Tipp Seite 12)

1.
Von den Kohlrabi an der Oberseite einen Deckel abschneiden. Die Deckel schälen, dabei die kleinen Blätter stehen lassen. Die Kohlrabi ebenfalls schälen und mit einem Kugelausstecher aushöhlen. Die Schalotten schälen und fein würfeln.

2.
2 EL Butter in einem kleinen Topf erhitzen und die Schalotten darin bei mittlerer Hitze glasig anschwitzen. Das herausgeschälte Kohlrabi-Innere dazugeben und kurz mitschwitzen. Die Sahne zugießen und alles mit Muskat, Salz und Pfeffer würzen. Kohlrabi etwa 8 Minuten weich garen.

3.
Inzwischen die Pfifferlinge putzen und, falls nötig, mit Küchenpapier trocken abreiben. 2 EL Butter in einer Pfanne erhitzen und die Pilze darin bei mittlerer bis starker Hitze anbraten. Mit Salz und Pfeffer würzen.

4.
Kartoffeln schälen und in 5 mm große Würfel schneiden. Möhren schälen und in 1 cm große Würfel schneiden. Den Blumenkohl in kleine Röschen teilen. Die Frühlingszwiebeln leicht schräg in Ringe schneiden.

5.
Den gegarten Kohlrabi mit der Sahne pürieren. 2 EL Butter in einer Pfanne erhitzen und das Gemüse mit Kartoffeln und Frühlingszwiebeln darin bei mittlerer Hitze 4 Minuten anschwitzen. Kohlrabisahne dazugeben und alles bei schwacher Hitze 6 Minuten garen.

6.
Inzwischen die ausgehöhlten Kohlrabi samt Deckeln in kochendem Salzwasser etwa 10 Minuten weich garen. Die Pilze zum Gemüse geben. Den Schnittlauch in feine Röllchen schneiden und zwei Drittel davon hinzufügen. Mit Limettensaft, Salz und Pfeffer abschmecken. Warm halten.

7.
Die ausgehöhlten Kohlrabi sowie die Deckel abtropfen lassen. Die restliche Butter in einer Pfanne aufschäumen und die Kohlrabi samt Deckeln darin kurz schwenken, dabei mit Muskat und Salz würzen.

8.
Die Kohlrabi auf Teller setzen und mit dem Pfifferling-Gemüse-Ragout füllen, die Deckel auflegen und mit dem übrigen Schnittlauch bestreut servieren. Nach Belieben übrige Füllung und Basmati-Reis dazu reichen.

GRATINIERTE ZUCCHINI MIT SAUERKRAUTRAGOUT UND OLIVEN-THYMIAN-CRUMBLE

Das Sauerkrautragout gibt dem ganzen Gericht eine ungewöhnliche Geschmacksnote. Wer während der Grillsaison Lust darauf hat, gart die gefüllten Zucchini bei nicht allzu starker direkter Hitze und mit geschlossenem Deckel 15–20 Minuten auf dem Grill.

40 Minuten + 20 Minuten Backzeit

FÜR 4 PERSONEN

Für das Ragout:
2 rote Paprikaschoten
200 g festkochende Kartoffeln
1 rote Zwiebel
1 Knoblauchzehe
2 EL Olivenöl
2 EL Tomatenmark
100 ml Tomatensaft
Salz
frisch gemahlener Pfeffer
300 g vorgegartes Sauerkraut
2 Tomaten
Paprikapulver

Für die Zucchini:
4 Zucchini
Salz

Für den Crumble:
3 Zweige Thymian
2 EL schwarze Oliven (entsteint; Sorte Taggiasca, siehe Tipp Seite 64)
1 Knoblauchzehe
150 g weiche Butter
200 g Mehl
Salz
frisch gemahlener Pfeffer

1.
Den Backofen auf 180 °C Umluft vorheizen. Für das Ragout die Paprikaschoten halbieren, entkernen und in 1 cm große Würfel schneiden. Die Kartoffeln schälen und in ebenso große Würfel schneiden. Zwiebel und Knoblauch schälen und fein würfeln. Das Öl in einer Pfanne erhitzen und die Zwiebel darin bei mittlerer Hitze glasig anschwitzen. Die Paprikawürfel dazugeben und ebenfalls anschwitzen. Tomatenmark und Knoblauch hinzufügen und kurz anrösten. Mit dem Tomatensaft ablöschen und mit Salz und Pfeffer würzen. Sauerkraut und Kartoffeln dazugeben und alles bei mittlerer Hitze 20 Minuten garen.

2.
Inzwischen die Tomaten nach Belieben häuten: Dafür auf der Unterseite kreuzweise einritzen und mit kochendem Wasser überbrühen. Nach 1 Minute herausheben und kalt abschrecken. Haut abziehen, Tomaten halbieren, entkernen und ohne Stielansatz fein würfeln. Alternativ die Tomaten mit Schale fein würfeln.

3.
Die Zucchini quer in 5 bis 6 cm große Stücke schneiden und mit einem Messer die Kerne samt Fruchtfleisch bis auf einen 6 mm breiten Rand herauskratzen. Die Zucchini in kochendem Salzwasser 8 Minuten garen. Das herausgelöste Fruchtfleisch (ohne Kerne) hacken. Die Zucchini herausnehmen und abtropfen lassen.

4.
Sobald Kraut und Kartoffeln fast fertig gegart sind, die Tomatenwürfel und das gehackte Zucchinifruchtfleisch dazugeben. Alles gut mischen und nochmals aufkochen. Mit Salz, Pfeffer und Paprikapulver abschmecken.

5.
Für den Crumble die Thymianblättchen abzupfen und mit den Oliven fein hacken. Den Knoblauch schälen, fein würfeln und mit Butter, Mehl, Oliven und Thymian locker zu Bröseln verkneten. Mit Salz und Pfeffer würzen.

6.
Ein Backblech mit Backpapier auslegen. Die Zucchiniröllchen nebeneinander aufrecht auf das Blech stellen, mit dem Sauerkrautragout füllen und mit dem Crumble bestreuen. Die Zucchini im Ofen etwa 20 Minuten garen. Die gefüllten Zucchini aus dem Ofen nehmen, vorsichtig auf Teller verteilen und servieren.

VEGAN-TIPP
Wer dieses Rezept vegan probieren möchte, macht den Crumble statt mit Butter mit pflanzlicher Margarine.

SCHWARZBROTPUDDING MIT SELLERIE-ZWEIERLEI

Schwarzbrot- oder Pumpernickelpudding kennen Sie vielleicht eher als süße Dessertkomponente. Meine herzhafte Variante mag ungewöhnlich erscheinen. Die Süße des Brotes ergänzt sich jedoch bestens mit der Würze des Selleriepürees und der frischen und knackigen Konsistenz des Staudenselleries.

40 Minuten

FÜR 6 PERSONEN (ALS VORSPEISE)

Für den Pudding:
250 g Pumpernickel
150 ml Gemüsebrühe
5 Eier
Salz
235 g weiche Butter, plus etwas mehr für die Förmchen
frisch geriebene Muskatnuss
65 g geriebene Haselnusskerne

Für das Zweierlei:
500 g Knollensellerie
300 g Staudensellerie
Salz
120 g Butter
50 ml Gemüsebrühe
1 TL fein gehackte Petersilie
1 TL fein gehackter Liebstöckel
frisch geriebene Muskatnuss
frisch gemahlener Pfeffer

Außerdem:
6 kleine Savarinförmchen (6 cm Ø; siehe Tipp)

1.

Für den Pudding den Backofen auf 150 °C Umluft vorheizen. Das Pumpernickelbrot zerbröseln und in der Küchenmaschine oder im Blitzhacker fein mixen. Die Gemüsebrühe erhitzen und die Brotbrösel in der heißen Brühe einweichen.

2.

Die Eier trennen. Die Eiweiße und 1 Prise Salz mit den Quirlen des Handrührgeräts zu steifem Schnee schlagen. Butter und Eigelbe mit den Quirlen des Handrührgeräts cremig aufschlagen. Haselnüsse und Brotbrösel dazugeben. Mit Muskatnuss und Salz würzen und den Eischnee vorsichtig unterheben.

3.

Inzwischen für das Zweierlei den Knollensellerie schälen und in grobe Würfel schneiden. Den Staudensellerie putzen und in 4 cm lange Stifte schneiden. Den Knollensellerie in kochendem Salzwasser etwa 4 Minuten garen. 2 EL Butter in einer Pfanne erhitzen und den Staudensellerie darin bei mittlerer Hitze anschwitzen. Mit der Brühe ablöschen und den Sellerie noch 2–3 Minuten bissfest garen. Petersilie und Liebstöckel hinzufügen und alles mit Muskat, Salz und Pfeffer abschmecken. Warm halten.

4.

Für den Pudding die Savarinförmchen leicht fetten und die Brotmasse hineinfüllen. Im Ofen etwa 20 Minuten backen. Währenddessen den Knollensellerie abgießen und noch heiß mit der restlichen Butter im Standmixer oder in einem hohen Rührbecher mit dem Stabmixer fein pürieren. Mit Muskat und Salz würzen.

5.

Die Schwarzbrotpuddingportionen aus dem Ofen nehmen und noch warm aus den Formen vorsichtig auf die Teller stürzen. Das Selleriepüree jeweils in die Mitte geben (nach Belieben mit einem Spritzbeutel) und die Selleriestücke hineinstecken.

DIE PASSENDE FORM

Eine Savarinform erinnert stark an die eines Gugelhupfs, jedoch ist ihr Rand nicht gewellt, sondern glatt. Für dieses Gericht benutze ich kleine Formen – das ist netter für Gäste. Sie können aber auch einen großen Pudding backen und ihn anschließend in Stücke teilen. Und natürlich schmeckt der Pudding genauso gut aus einer anderen Kuchenform. Beachten Sie aber, dass sich die Backzeit bei größeren Formen verlängert.

ROTKOHLSTRUDEL MIT QUITTEN UND WALNUSSSAUCE

Es ist wirklich ein Jammer, dass die Quitte – nicht nur lecker, sondern auch sehr gesund – lediglich von September bis November Saison hat! Die hier verwendete Birnenquitte schmeckt schön mild. Sie können aber auch Apfelquitten verwenden. Rotkohl und Sauce lassen sich gut vorbereiten – dann brauchen Sie nur noch den Strudel zu backen, bevor die Gäste kommen.

30 Minuten + 2 ½ Stunden Ruhen und Garen

FÜR 4 PERSONEN

Für den Strudel:
1 kg Rotkohl
30 ml Apfelessig
175 g Zucker
Salz
frisch gemahlener Pfeffer
200 g reife Birnen- oder Apfelquitten
200 g Schalotten
100 g Butter
100 ml Rotwein
50 ml roter Portwein
100 ml Quittennektar (ersatzweise Apfelsaft)
1 Lorbeerblatt
100 g Quittengelee
6 Blätter Strudelteig (aus dem Kühlregal)

Für die Sauce:
1 Schalotte
2 EL Walnussöl
100 g Walnusskerne
20 ml Weißwein
100 ml Gemüsebrühe
250 g Sahne
Saft von 1 Limette
Salz
frisch gemahlener Pfeffer

1.

Für den Strudel den Rotkohl putzen, halbieren und den Strunk entfernen. Die Blätter in feine Streifen schneiden und in einer Schüssel mit Essig, Zucker, Salz und Pfeffer sorgfältig durchkneten. Anschließend den Rotkohl zugedeckt 1 Stunde ziehen lassen.

2.

Inzwischen die Quitten schälen (siehe Tipp) und vierteln, entkernen und fein würfeln. Die Schalotten schälen und in Streifen schneiden. 2 EL Butter in einem Topf erhitzen und die Schalotten darin bei mittlerer Hitze glasig anschwitzen. Die Quitten dazugeben und ebenfalls anschwitzen. Den Rotkohl samt Flüssigkeit hinzufügen. Mit Rotwein, Portwein und Quittennektar

auffüllen, das Lorbeerblatt dazugeben und den Rotkohl bei mittlerer Hitze etwa 1 Stunde weich garen.

3.

Dann den Kohl in ein Sieb abgießen, dabei den Fond auffangen. Den Fond zurück in den Topf geben und mit dem Quittengelee fast vollständig einkochen lassen. Fond und Rotkohl mischen und abkühlen lassen.

4.

Den Backofen auf 210 °C Umluft vorheizen. Die restliche Butter zerlassen. Jeweils 3 Strudelblätter mit Butter bestreichen. Die anderen 3 Blätter darauflegen und wieder mit Butter bestreichen. Jeweils ein Drittel des kalten Rotkohls auf dem unteren Teil der Blätter verteilen, die seitlichen Ränder zur Mitte hin einschlagen. Den Teig samt Füllung von unten nach oben aufrollen und die Strudel mit der restlichen Butter bestreichen. Ein Backblech mit Backpapier auslegen, die Strudel daraufsetzen und im Ofen etwa 20 Minuten goldgelb backen.

5.

Inzwischen für die Sauce die Schalotte schälen und fein würfeln. Das Walnussöl in einem Topf erwärmen und die Schalotte darin bei mittlerer Hitze glasig anschwitzen. Die Walnüsse dazugeben und mit anbraten. Mit dem Wein ablöschen und die Gemüsebrühe dazugießen. Die Flüssigkeit leicht einkochen lassen. Die Sahne angießen und alles im Mixer fein pürieren. Zuletzt mit Limettensaft, Salz und Pfeffer abschmecken.

6.

Die Strudel aus dem Ofen nehmen und kurz abkühlen lassen, dann in Scheiben schneiden und mit der Walnusssauce beträufelt servieren.

VORSICHT BEIM QUITTENSCHÄLEN

Bei der Verarbeitung von Quitten sollten Sie am besten Küchen- oder Einweghandschuhe tragen. Sonst erinnern die braunen Verfärbungen an Ihren Händen noch länger an den Genuss dieses Gerichts.

BLÄTTERTEIGQUICHE MIT BUNDMÖHREN UND FRÜHLINGSZWIEBELN

Genauso, wie Sie Radieschenblätter essen können (siehe Rezept Seite 95), ist auch das Grün der Bundmöhren essbar. Es schmeckt leicht nach Petersilie und gibt dieser Quiche die besondere Würze.

35 Minuten + 25 Minuten Backzeit

FÜR 4 PERSONEN

16 Bundmöhren samt Grün
16 Frühlingszwiebeln
1 Rolle Blätterteig (275 g; aus dem Kühlregal)
4 EL Olivenöl, plus etwas mehr für die Form
1 Eigelb zum Bestreichen
150 g Ziegenfrischkäse
2 TL Orangensaft
1 TL abgeriebene Bio-Orangenschale
frisch gemahlener Pfeffer
3 Eier
150 g Sahne
2 Msp. gemahlener Zimt
frisch geriebene Muskatnuss
Salz
2 TL helle Sesamsamen

Außerdem:
Quiche-Backform (30 cm Ø)

1.

Den Backofen auf 200 °C Ober-/Unterhitze vorheizen. Die Möhren bis auf den Stielansatz vom Grün befreien und schälen. Große Möhren auf eine Länge von maximal 12 cm kürzen. Die Frühlingszwiebeln putzen und ebenfalls auf 12 cm Länge zuschneiden.

2.

Den Blätterteig auswickeln und an den Längsseiten mit dem Nudelholz etwas weiter ausrollen. Die Backform mit Olivenöl leicht fetten und mit dem Blätterteig auskleiden (siehe Tipp). Die Ränder mit verquirltem Eigelb bestreichen und den Boden mit einer Gabel mehrmals einstechen. Ziegenfrischkäse, Orangensaft und -schale glatt rühren und mit Pfeffer abschmecken. Den Boden mit der Ziegenkäsecreme gleichmäßig bestreichen.

3.

Je 2 EL Olivenöl in zwei Pfannen erhitzen und Frühlingszwiebeln und Möhren darin getrennt bei mittlerer Hitze 5 Minuten anschwitzen. Die Pfanne mit den Frühlingszwiebeln vom Herd nehmen und den Deckel auflegen. Die Möhren mit 1 kleinen Schuss Wasser ablöschen und bei mittlerer Hitze noch 8–10 Minuten dünsten.

4.

Das Möhrengrün verlesen und fein hacken. Eier und Sahne verquirlen und den Guss mit Zimt, Muskat, Salz und Pfeffer abschmecken. Gehacktes Möhrengrün unterheben.

5.

Möhren und Frühlingszwiebeln strahlenförmig abwechselnd auf dem Blätterteig verteilen. Mit der Eier-Sahne-Mischung begießen, mit dem Sesam bestreuen und im Ofen 20–25 Minuten goldbraun backen. Die Quiche aus dem Ofen nehmen und warm oder abgekühlt servieren.

BLÄTTERTEIG VERARBEITEN

Rollen Sie den Blätterteig am besten gleich auf dem mitgelieferten Backpapier aus, auch wenn er dann an den beiden Längsseiten etwas übersteht. Heben Sie den Teig mitsamt dem Papier an. Drehen Sie das Papier um und positionieren Sie den Blätterteig so, dass er an einer Seite bündig mit dem oberen Rand der Form abschließt. Schneiden Sie mit einer Haushaltsschere die überstehenden Ränder samt Backpapier ab. Mit den Resten können Sie nun problemlos die verbliebene Lücke füllen.

AUBERGINENLASAGNE MIT SOJABOLOGNESE, OFEN-TOMATEN UND RUCOLA

Ich gebe zu, dieses Rezept ist nicht ganz unkompliziert zuzubereiten. Aber ab und an muss man sich ja auch einmal etwas trauen. Und die Mühe lohnt sich in jedem Fall! Zur Not können Sie die Paprikaschoten und die Tomaten auch ungehäutet lassen, dann ist es etwas weniger aufwendig.

2 Stunden

FÜR 4 PERSONEN

Für die Lasagne:
20 Kirschtomaten
2 Knoblauchzehen
3 Zweige Thymian
7 EL Olivenöl
1 Prise Zucker
Salz
frisch gemahlener Pfeffer
4 gelbe Paprikaschoten
4 Auberginen
200 g frisch geriebener Parmesan
20 mittelgroße Basilikumblätter
100 g Rucola
1 EL Balsamico-Essig

Für die Bolognese:
400 ml Gemüsebrühe
100 g Sojagranulat
60 g Möhren
40 g Knollensellerie
200 g Tomaten
100 g Schalotten
1 Knoblauchzehe
Salz
frisch gemahlener Pfeffer
2 EL Olivenöl
80 g Tomatenmark
300 ml Tomatensaft
1 EL fein gehackter Thymian
1 EL fein gehackter Rosmarin

Für die Béchamelsauce:
40 g Schalotten
70 g Butter
80 g Mehl
300 ml Milch
200 ml Gemüsebrühe
1 Lorbeerblatt
1 Nelke
frisch geriebene Muskatnuss
60 g frisch geriebener Parmesan
Salz
frisch gemahlener Pfeffer

1.

Den Backofen auf 150 °C Umluft vorheizen. Für die Lasagne Tomaten, angedrückten Knoblauch und Thymian mit 2 EL Olivenöl, Zucker, Salz und Pfeffer mischen und in einer ofenfesten Form im Ofen 15–20 Minuten garen, bis die Tomaten etwas zusammenfallen. Herausnehmen und beiseitestellen. Anschließend die Backofentemperatur auf 180 °C Umluft erhöhen.

2.

Die Paprika halbieren und entkernen. Mit der Hautseite nach oben auf einem Backblech verteilen und mit 2 EL Öl beträufeln. Im Ofen 20–30 Minuten backen, bis die Schale schwarz wird und Blasen wirft.

3.

Inzwischen für die Bolognese 300 ml Brühe aufkochen, das Sojagranulat einrühren und ohne Hitzezufuhr 10–15 Minuten ausquellen lassen.

Möhren und Sellerie schälen und fein würfeln. Von den Tomaten jeweils den Strunk entfernen und die Haut an der Unterseite kreuzförmig einritzen. In einer Schüssel mit kochend heißem Wasser übergießen, nach 1 Minute kalt abschrecken und die Haut abziehen. Die Tomaten vierteln, entkernen und fein würfeln. Schalotten und Knoblauch schälen und fein würfeln.

4.

Das Sojagranulat abtropfen lassen, salzen und pfeffern. Das Öl in einer Pfanne erhitzen und Sojagranulat, Möhren und Sellerie darin bei starker Hitze anbraten. Die Temperatur reduzieren, Schalotten und Knoblauch dazugeben und bei mittlerer Hitze glasig anschwitzen. Tomaten sowie Tomatenmark einrühren und kurz mitbraten. Tomatensaft, übrige Brühe, Thymian und Rosmarin dazugeben und alles noch 15–20 Minuten köcheln lassen.

5.

Die Auberginen vom Strunk befreien und längs in 1 cm dicke Scheiben schneiden. 2 EL Öl in einer Pfanne erhitzen und die Auberginen darin von beiden Seiten anbraten, salzen und pfeffern. Die Paprika aus dem Ofen nehmen, kurz mit einem feuchten Küchentuch bedecken und häuten.

6.

Für die Béchamelsauce die Schalotten schälen und fein würfeln. Die Butter in einem Topf erhitzen und die Schalotten darin bei mittlerer Hitze glasig anschwitzen. Unter Rühren das Mehl einstreuen und farblos anschwitzen.

7.

Milch, Brühe, Lorbeer, Nelke und 1 Prise Muskat dazugeben, alles unter Rühren aufkochen und mindestens 15 Minuten köcheln, dann mit dem Parmesan mischen und abschmecken. Die Bolognese salzen und pfeffern.

8.

Den Boden einer Auflaufform mit Auberginen auslegen und mit etwas Béchamelsauce und Bolognese bestreichen. Wenig Parmesan und Basilikumblätter daraufstreuen.
Alle Komponenten in dieser Reihenfolge weiter einschichten, bis die Auberginen aufgebraucht sind. Zuletzt die Paprikahälften obenauf verteilen und alles nochmals mit Parmesan bestreuen. Die Lasagne im Ofen etwa 18 Minuten backen.

9.

Inzwischen den Rucola verlesen und mit übrigem Olivenöl und Balsamico-Essig marinieren. Kurz vor Ende der Garzeit die Ofentomaten nochmals kurz im Backofen mit erhitzen.

10.

Die Lasagne portionieren, auf Teller verteilen und mit Tomaten und Rucola garniert servieren.

NUGATMOUSSE MIT POCHIERTEN BIRNEN UND BROMBEERSAUCE

Nugatmousse klingt zunächst nach Winter, schmeckt – wie hier mit Brombeeren gepaart – aber auch im Sommer gut gekühlt ganz köstlich. Die pochierten Birnen sind dazu das Tüpfelchen auf dem i.

45 Minuten + 3 Stunden Kühlzeit

FÜR 6–8 PERSONEN

Für die Mousse:
2 sehr frische Eier
50 g Zucker
250 g Vollmilchkuvertüre
250 g Nuss-Nugat-Masse
2 EL Amaretto
800 g Sahne

Für die Sauce:
250 g Brombeeren
2 cl Cassislikör
20 ml roter Portwein
Saft von 1 Limette
100 g Zucker

Für die Birnen:
150 g Zucker
250 ml Weißwein
5 cl Birnengeist
½ Vanilleschote
1 Zimtstange
2 Sternanis
3–4 reife Birnen

1.
Für die Mousse Eier und Zucker über einem heißen Wasserbad schaumig schlagen, dann über einem Eiswasserbad kalt rühren.

2.
Die Kuvertüre hacken und mit der Nuss-Nugat-Masse über dem heißen Wasserbad schmelzen. Beides unter die Eiermasse rühren. Den Amaretto mit der Nugatcreme mischen und die Creme abkühlen lassen. Inzwischen die Sahne steif schlagen und dann unter die abgekühlte Nugatcreme ziehen. Die Mousse in kleine Gläser füllen und mindestens 3 Stunden kühl stellen.

3.
Für die Sauce die Beeren mit Likör, Portwein, Limettensaft und Zucker in einem Topf aufkochen. Die Masse mit dem Stabmixer pürieren und durch ein feines Sieb streichen. Beiseitestellen.

4.
Für die Birnen den Zucker in einem Topf bei mittlerer Hitze karamellisieren. Mit Weißwein und Birnengeist ablöschen. Die Vanilleschote einritzen und auskratzen, dann samt Mark, Zimt und Sternanis zu der Flüssigkeit geben. Alles so lange köcheln lassen, bis sich der Zucker aufgelöst hat.

5.
Die Birnen schälen, halbieren und das Kerngehäuse entfernen. In den Weißweinfond legen und bei schwacher Hitze in heißer, aber nicht mehr kochender Flüssigkeit etwa 15 Minuten garen. Den Topf vom Herd nehmen, die Birnen im Fond abkühlen lassen.

6.
Die Birnen fächerförmig aufschneiden und auf den Mousse-Gläschen anrichten. Mit der Brombeersauce beträufelt servieren.